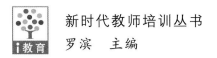

新时代教师培训丛书

罗滨　主编

中小学校本研修的设计与实施

DESIGNING AND IMPLEMENTING
SCHOOL-BASED TRAINING

刘　锌　张　晓　王秀英等　著

教育科学出版社

·北　京·

出 版 人　郑豪杰
责任编辑　万海刚
版式设计　杨玲玲
责任校对　贾静芳
责任印制　叶小峰

图书在版编目（CIP）数据

中小学校本研修的设计与实施 / 刘锌等著 . —— 北京：
教育科学出版社，2023.3（2024.1 重印）
（新时代教师培训丛书 / 罗滨主编）
ISBN 978-7-5191-3339-9

Ⅰ . ①中⋯　Ⅱ . ①刘⋯　Ⅲ . ①中小学－教学研究
Ⅳ . ① G632.0

中国版本图书馆 CIP 数据核字 (2022) 第 236706 号

中小学校本研修的设计与实施

ZHONG-XIAOXUE XIAOBEN YANXIU DE SHEJI YU SHISHI

出版发行	教育科学出版社				
社　　址	北京·朝阳区安慧北里安园甲 9 号		邮　　编	100101	
总编室电话	010-64981290		编辑部电话	010-64989179	
出版部电话	010-64989487		市场部电话	010-64989009	
传　　真	010-64891796		网　　址	http://www.esph.com.cn	
经　　销	各地新华书店				
制　　作	宗沅书装				
印　　刷	保定市中画美凯印刷有限公司				
开　　本	720 毫米 ×1020 毫米　1/16		版　　次	2023 年 3 月第 1 版	
印　　张	15.75		印　　次	2024 年 1 月第 3 次印刷	
字　　数	199 千		定　　价	59.80 元	

丛书编委会

顾　问：顾明远

主　编：罗　滨

副主编：钟祖荣　申军红　刘　灿

成　员（按姓氏拼音排序）：

郭冬红　李　峰　李瑾瑜　林秀艳　刘　锌

马　虹　马耀国　谭文明　万海刚　王永祥

姚守梅　余　新　张铁道　张　晓　赵杰志

郑　莉　支　瑶　朱福荣

新时代需要建设好两支教师队伍

《中共中央 国务院关于全面深化新时代教师队伍建设改革的意见》(简称《意见》)是新中国成立以来党中央出台的第一个专门面向教师队伍建设的里程碑式政策文件。出台《意见》，是以习近平同志为核心的党中央高瞻远瞩、审时度势，立足新时代做出的重大战略决策，将教育和教师工作提到了前所未有的政治高度。

过去我们只提培养合格的教师，这次《意见》中提出要培养造就高素质、专业化、创新型教师。这是新时代对教师提出的高标准、新要求。当前，中国特色社会主义进入了新时代，开启了全面建设社会主义现代化国家的新征程。面对新方位、新征程、新使命，教师的思想政治素质和师德水平需要提升，专业化水平需要提高。高素质，就是如习近平总书记讲的，要有理想信念、道德情操、扎实学识、仁爱之心。专业化，就是要掌握教育规律和青少年儿童成长发展规律，因材施教，为学生提供适合的教育。创新型，就是要求教师有创新精神，勇于改革，在教育教学改革中创造新的经验，培养创新人才。

培养高素质、专业化、创新型教师，无疑首先是师范院校的任务，但只有高质量的职前教师教育还不够，必须同时加强在职教师的继续教育。师范生不可能一毕业就成为一名成熟的教师，他需要在教育实践中不断反思、不断学习、不断提高。

中国有两支教师队伍，一支队伍是在一线从事教育教学的教师，还有一支队伍是教研机构的教研员。教研员队伍是一支很重要的队伍。新中国成立以后，我们国家学习苏联，在各省成立了教育学院，在各县成立了教师进修学校。目前，全国的教研机构已经有近十万的教研员。教研员大都来自一线，具有很丰富的经验，很多是特级教师，对教育质量的提高起到了非常重要的作用，对帮助教师特别是青年教师的成长起到了非常重要的作用。上海的 PISA（Program for International Student Assessment，国际学生评估项目）测试一直名列前茅。外国人总结其中的成功经验，有一条就是有教研室、有教研员来帮助教师成长。新时期，国家要更加重视教研队伍建设，用相应的政策和机制促进教研员队伍发展；教研员自身也要不断提高水平，适应时代的要求。

中国教育学会成立教师专业发展研究中心是非常必要的。只有不断推进教师专业发展的理论研究和实践探索，探究教师专业发展规律，分享教师专业发展经验，创新教师研修模式，才能为教师专业发展提供方向引领和专业支持，从而为两支教师队伍的建设提供丰富的养料。

北京市海淀区的基础教育在全国处于领先地位，北京市海淀区教师进修学校在教师教育领域也做了很多引领性、示范性的工作。作为中国教育学会教师专业发展研究中心的秘书处单位，北京市海淀区教师进修学校与教育科学出版社合作，牵头组织编写和出版"新时代教师培训丛书"，是非常有长远眼光的基础性工作。

　　我期待，丛书的出版能够很好地支持到新时代的教师队伍建设，使两支教师队伍都能够发展壮大，把中国的教育质量提升一个台阶，真正迈向教育的现代化！

顾明远

（中国教育学会名誉会长，北京师范大学资深教授）

丛书序二

新时代教师培训：提升教师课程育人能力

百年大计，教育为本。教育大计，教师为本。《中共中央 国务院关于全面深化新时代教师队伍建设改革的意见》强调："造就党和人民满意的高素质专业化创新型教师队伍"，"开展中小学教师全员培训，促进教师终身学习和专业发展"，"建立健全地方教师发展机构和专业培训者队伍"。这是新中国成立以来党中央出台的第一个专门面向教师队伍建设的里程碑式政策文件。

教师的地位，是一个国家文明的标志之一。新时代，教师质量关乎国家战略。国家宏伟目标的实现，关键在人才，基础在教育，根本就在教师。面向未来，社会经济的高速发展、科学技术的迭代进步，都对基础教育提出了巨大的挑战。在基础教育领域，对教师素养有了新的要求，对教师的职后发展有了新的定位。

面向学生的未来，提高育人质量，教师发展就要从研究"课堂教学"转向研究"教育教学全要素"。2017年12月颁布的《普通高中课程方案和语文等学科课程标准（2017年版）》，凝练了学科核心素养，优化了学科教学内容，补充了学业质量要求，增强了教—学—评的一致性指导。那么，学校课程供给如何转型升级？学生学习方式如何丰富多样？学生学业水平如何测试评价？学生学习环境如何满足需求？教师学科教学如何顺应改革？教研如何为新时代教师服务？这些问题就成为教师专业发展的主要问题。

教师素养要从提升"教学技能"转向提升"课程育人的能力"。课堂是教师成长的主要场所，是育人的主阵地。培养学生的核心素养，就是培育学生适应终身发展和社会发展需要的正确价值观念、必备品格和关键能力。课程育人能力是一种实践性很强的学术能力，是教师在教学实践中表现出来的素质，是促进学生学科核心素养发展的学术能力。教师的教学具有现场性、独特性、不确定性、主观性等特征，教师的工作场所个性化，是具有创造性的工作。教师要通过学习和研究，在课堂教学实践中不断改进教学，以此来获得课程育人能力的提升，这是解决问题的能力，是带得走的能力。

新时期，教育领域的深化综合改革，为区域教研带来新要求、新挑战，这就需要教研员这支专业队伍站出来，通过教研创新、教研转型来做好专业服务。教研员就是国家课程方案和课程标准的解读者、细化者、执行者，是学校和教师工作的问题发现者、指导者、解决者，是学校和教师实践经验的发现者、总结者、推广者。他们是教师群体中的"关键少数"。

要通过研修转型提升教师的课程育人能力。在教学理念上，从"学科教学"转向"课程育人"；在教学目标上，从"知识获得"转向"素养发展"；在教学内容上，从"教师的教"转向"学生的学"；在教学方式上，从"认真倾听"转向"深度互动"；在教学改进上，从"基于经验"转向"基于证据"。

教师研修要以满足需求、引领需求和创造需求为目标，凸显现场性、生成性、体验性和研究性，是教研员和教师团队学习、研究、实践、改进等解决问题的过程，帮助教师在基于实践的体验感悟中建构起新的学科课程育人的理解，找到新的策略，实现专业发展。这也是教研员与教师共同实现专业成长的过程。

本丛书立足北京市海淀区教师队伍建设的鲜活经验和理论探索，并对全国教研和教师培训同行的智力成果保持开放，努力呈现新时代中国教师专业发展和教师培训的最新理论成果与实践经验。丛书由北京市海淀区教师进修学校组织编写，与教育科学出版社合作出版。

北京市海淀区教师进修学校作为海淀区的课程指导中心、教学研究中心、质量评价中心、资源建设中心和教师发展中心，服务教育行政决策，助力一线学校课程供给的转型升级，支持学生学习方式的转变和丰富，帮助教师基于评价改进教学，实现教育资源的共建共享，构建研修课程体系，引领不同发展阶段教师的专业需求，是保障海淀基础教育质量不可或缺的专业机构。

中国教育学会教师专业发展研究中心（简称"中心"）秘书处设立在北京市海淀区教师进修学校。中心顺应时代发展、教育改革对教师素养提出的新要求，采用公益性、学术性、协作性的组织形态，凝聚专家和一线研修机构、学校力量，研究教师专业发展的基本规律，构建教师研修课程，创新教师研修模式，探索教师教育资源建设机制，致力于解决教师专业发展面临的重点问题和难点问题，为全国教师专业发展提供方向引领和专业支持，是全国教师专业发展的研究平台、交流平台、成果推广平台和服务平台。中心自2017年1月成立以来，成功举办了五届全国教师专业发展学术会议、三届课堂教学研讨会，还举办了系列核心素养与学科教育论坛，深入研讨、分享交流教师专业发展领域的新观点、新实践、新成果、新预见，充分发挥了中心对于全国教师专业发展的引领和辐射作用。

　　本丛书拟分为三个子系列：一是教师专业发展的理论、政策类，如《教师研修2.0：理念、路径与方法》和基于全国教师专业发展学术会议的研究成果集等；二是教师培训的策略、方法与工具、技能类，如培训需求调研、培训课程设计、培训成效评估等主题的图书；三是针对特定教师群体的理论与实践相结合的教师培训研究成果类，如《中小学新任教师培训指南》《中小学骨干教师研修指南》及工作坊坊主研修等方面的图书。

　　我们衷心地希望，教师教育领域的同行能为丛书献计献策，并将自己的研究与实践成果通过丛书进行传播。我们期待，丛书对于增进大家的深度交流、合作，分享教师专业发展的成功经验和实践研究成果，促进全国各地教师的专业发展能够发挥重要的作用；期待通过多方基于实践的研究、累积，逐步形成中国特色的学术概念和分析框架，推动中国教师教育研究的范式转型，为国际贡献中国教师教育的知识与经验。

新时代，教师教育面临新挑战，担负新使命，相信在我们大家的共同努力下，必将有新突破、新发展！

罗　滨

（中国教育学会教师专业发展研究中心主任，

北京市海淀区教师进修学校校长）

本书序

"学思知行"相统一，著书立说有根基

开卷品阅新书，解读题旨为先。

"校本研修"是中小学关注的热词，也是基础教育提质、教师专业发展的热点，其设计与实施事关校校推进、师师参与。正所谓"在路上、进行时"，中小学校如何践行校本研修，亟需理论引导。《中小学校本研修的设计与实施》一书恰是明方向、指路径、助成效、伴远行的智慧罗盘。北京市海淀区作为国家基础教育改革创新实验区和教师专业发展实验基地，长达十余年深入开展校本研修，以其丰厚积淀与创新成果，在校本研修转型升级的关键期，奉献了一部重要作品。

校本研修的转型升级，是基于高质量发展新阶段基础教育立德树人、"五育"并举、减负提质、内涵发展的重大转型，是适应教师学习方式、工作方式、育人方式的系统转型，也是伴随现代学校治理、中小学整体办学质量的评价转型。特别是在当下数字化、人工智能助推教育变革的大背景下，教育部等八部门联合印发《新时代基础教育强师计划》，强调"构建开放、协同、联动的高水平教师教育体系""深化精准培训改革"。如何将旨在整体提升教书育人素质能力的以校为本的教师研修落地、落实、落细，本书给出了答案。

通览全书，每一章节分别聚焦校本研修的不同维度，学思结合、知行统

一，启人深思、导航践行。

其一，怎么看——整体观照，系统画像。校本研修、校本教研、校本培训、校本研训……，从称谓上反映了校本研修尚处于"准专业性"研究的进程中，也说明校本研修具有鲜明的实践导向，其针对性、实效性、灵活性、多样性是客观存在的。本书第一章突出理论与实践的紧密结合，着力厘清校本研修的概念，界定校本研修的范畴，从内涵到外延为校本研修的转型升级提供学理阐释与专业指导。研究团队搜集大量的国际文献和国内不同地区的政策文件，对国际上、地区间、各学校基于以校为本的教研培训加以比较，特别是对北京、上海、重庆、浙江、山西等地区的现状分析和问题诊断，为读者打开了更宽广的视野，充实了多地域、多样态的范本，大大增强了全书的科学性、专业性和可借鉴、可复制的效能。

其二，怎么干——整体设计，具体实施。立足区域顶层设计，聚焦中小学校本研修实施，深入教研组专题研修，全系统、全方位、全过程指明方向路径，提供贴近实践的示范引领，此为本书的实用价值；贴近校本研修实施的"最后一公里"，为不同类型学校、不同学科研修团队提供务实的操作策略与方法，此为本书的实操价值；优选大量鲜活生动的创新案例，为校本研修的各个环节提供成功经验的支撑，现身说法又实例析法，此为本书的样板价值；校本研修的整体设计与实施，本身就是治校理教、师德师风建设与师资队伍建设的抓手，也是现代教育治理体系与治理能力的本校落实，此为本书的实践价值。四者融通，将校本研修的要素、模型、策略、方法、层级活动、项目行动、进阶赋能，以及目标导向、成果导向、产出导向等全面系统地予以呈现，有助于不同地域、不同学段的校长、教师、教研员、培训者的掌控与因地制宜、量身配制。

其三，怎么研——立足教研组，"问题变专题"，合作解难题。依据现代学习科学关于"自我导向学习""情境学习""社会学习""分布式认知""转化学习""学习型组织"六大理论，提出教师合作学习与团队教研的框架系统。包括专题遴选、行动设计、操作流程、自主驱动、互动机制、合作分享、考核评价等。上述理念转化为教科研的自觉，不仅支撑校本研修的创新升级，也积极回应了中小学内涵发展、减负提质增效的新要求。

其四，怎么修——"教学相长"，育人修己，修为赋能，共同成长。本书的终极指向是教师职业生涯的可持续发展。如何在学校、在教室、在课堂、在教研组、在教书育人的岗位上，形成研修环境氛围与制度文化，促进每一位教师自身的成长进步，赋能每一位教师以专业学习力、育人胜任力、研究创造力，帮助更多教师成为研究型、专家型教师，做"新时代的大先生"。

本书的原创价值，体现在"学思知行"相统一、著书立说有根基。本书的作者就是校本研修的学习者、思考者，在设计规划、组织实施、总结改进中不断深化认知、致知践行；躬行历练又成长为校本研修的智者、行者，在组织实施、引领陪伴、合作推广中砥砺前行；最终，凝聚校本研修的智慧结晶、创新教师专业发展理论与实践成果，成为集大成者。本书的借鉴价值，体现为经纬纵横、布局谋篇，帮助每一所学校擘画校本研修的蓝图。校本研修的纵向链条，贯通小学、初中、高中，顺应教师专业生涯发展的进阶赋能、迭代升级；校本研修的横向布局，校校、科科、组组自主制订计划、研创方案，谱写校校精彩、美美与共、校本育才、岗位成才的新华章。

"问渠哪得清如许，为有源头活水来。"《中小学校本研修的设计与实施》正是来自海阔淀清的源头活水，涓涓清泉将会浇灌更多校园，润泽更多教研组，滋养更多课堂，赋能更多的校长、教师。作为北京市海淀区教师进修学校的老战友，我有幸得到书稿先睹为快并汇报学习心得，以此向创作团队和教育科学出版社诚致感谢，也向基础教育与教师教育的同事们提要钩玄、简单推介。是为序。

李　方

壬寅年大暑于北京

（北京教育学院教授、原院长，

教育部全国中小学幼儿园教师培训专家工作组组长）

CONTENTS 目 录

前　言

本书系《新时代教师培训丛书》分册之一，是一本旨在帮助中小学校科学规划、设计和实施校本研修，有效促进教师专业发展的实践指导用书。全书紧紧围绕"校本研修的设计与实施"这一主题，牢牢把握政策导向与理论前沿，基于作者团队在海淀区近十年相关实践经验与研究成果的系统梳理，借助区域生态构建视角，直指新时代校本研修工作关键问题的解决。

本书从区域和学校两个层面，为广大中小学校校长、教师培训负责人、教学干部、教研组长、备课组长、骨干教师、区域教师培训者和教研员等目标读者整体规划、具体设计与实施校本研修，提供了既富时代气息、理论视野，又极具实践操作性的建议。

全书采用"总—分—总"的结构，第一章全面介绍校本研修的理论、理念和政策，为校本研修"画全身像"；第二章和第三章着重介绍校本研修规划、设计与实施的思路方法；第四章呈现海淀区前期实践的典型案例，并辅以简要分析；第五章再回到整体，介绍校本研修工作的区域统筹与推进。本书从实践角度助力中小学校科学、有效地开展校本研修，并为区域统筹引领和指导校本研修工作提供具体标准、实操工具和模型。因此，本书具有较强的实用价值。同时，本书对新时代背景下的校本研修政策要求、理论基础与研修基本理念进行了较为系统的梳理总结，创造性地建构了区域校本研修生态模型，提出了从规划到实施的一整套实践流程、标准、工具和模型，为区域教师研修机构及职后教师教育研究领域提供了丰富生动的研修实践案例，具有一定的学术价值。

DESIGNING AND
IMPLEMENTING
SCHOOL-BASED TRAINING

第一章

全面观照：
为"校本研修"画像

本章关键问题

1. 新时代，校本研修的发展背景产生了哪些新变化？

2. 各级相关政策文件对校本研修提出了哪些新要求？

3. 当前校本研修面临着哪些主要问题和需求？

4. 有哪些能够指导校本研修实践的理论以及重要的研究成果？

5. 新时代，校本研修理念如何转型？

　　教师研修要想真正取得成效，就需要通过问题驱动、专题研究、共识建构、行动规划与实践改进，建构教师"专业学习共同体"和"能力发展连续体"，从而引领教师个体和群体改进教育教学实践，促进教师专业发展。而校本研修作为教师解决实践问题与专业能力建设的重要途径，对于教师教育理念的影响和教学实践的引导，天然地创建了一个认知和实践循环往复、螺旋上升的过程。

　　　　　　——张铁道，北京教育科学研究院原副院长、北京开放大学原副校长

　　新时代，国际和国内的教育改革与发展对校本研修产生了新的影响，国家和地方出台的相关政策文件对校本研修的功能定位、工作目标、工作内容、工作重点、工作方式等也提出了新的要求。针对当前我国校本研修面临的主要问题和需求，用理论来指导实践，借鉴已有的相关研究成果，实现校本研修的理念转型尤为关键。本章试图围绕以上内容进行具体分析和论述。

第一节　政策要求与现实需求

　　欧洲教师教育协会早在 1989 年就曾对"校本培训"进行了界定，认为校本培训是源于学校发展的需要，由学校发起和规划的，旨在满足学校每个教师工作需要的校内培训活动。[①] 校本研修概念的提出源于对校本教研、校

---

① 郑金洲. 走向"校本"[J]. 教育理论与实践，2000（6）: 13.

本培训实践的批判和继承，"丰富和完善了'校本'的思想和实践模式"①。校本研修注重实践反思取向，注重全面研究学生、教师的行为，重在培育研究状态，关注理念更新与文化再造。它既是教师教学方式、研究方式的一场深刻变革，同时也是教师学习方式、历练方式的一场深刻变革。②

我们认为，校本研修以学校为本、以教师为本、以解决问题为主要目标③，具有针对性、灵活性和多样性的特点，是一种较为经济、实用、有效的研修方式，在教师专业发展中发挥着重要作用。校本研修发生在学校内，在真实的教学情境中，通过教师个体的自我反思、教师集体的同伴互助和专家的专业引领，"研"教师在教育教学活动中遇到的真实问题，"修"教师解决问题的能力。校本研修能够有效解决教师从理念到行为的"最后一公里"问题，能够帮助教师形成工作、研究、学习合一的专业生活方式，同时促进学校发展。

目前，在研究与实践中，关于"校本研修"这一概念，由于专业话语体系、机构设置名称和专业人员叫法不同等诸多因素的影响，有"校本研修""校本教研""校本培训""校本研训"等诸多提法。尽管在提法上有所不同，但其实都指向一个核心，即"为了学校，在学校中，基于学校"④。"为了学校"，是指要以改进学校实践、解决学校所面临的问题为指向；"在学校中"，是指要由学校中的校长、教师通过共同探讨、分析，形成解决问题的方案并在学校中得以有效实施，从而解决学校面临的问题；"基于学校"，是指要从学校的实际出发，所组织的各种教研、培训，所展开的各类研究，所设计的各门课程等，都应充分考虑学校的实际，挖掘学校的种种潜力，让学校资源更充分地被利用起来。在此需要说明的是，本书在概念上统一使用

---

① 胡惠闵. 从区域推进到以校为本：校本研修实践范式研究 [J]. 教育发展研究，2010，30（24）：61-65.

② 顾泠沅. 对校本研修渊源与开展现状的思考 [J]. 现代教学，2012（Z1）：22-24.

③ 周剑波. 校本研修：源于实践的专业发展之路 [J]. 教学与管理，2011（32）：6-7.

④ 郑金洲. 走向"校本" [J]. 教育理论与实践，2000（6）：11-14.

"校本研修"这一提法，其中在引用相关文件、文献时，仍沿用原文件、原文献的概念提法。

一、新时代校本研修的发展背景

国际和国内的教育改革与发展对校本研修产生了新的影响，校本研修成为促进教师专业发展的重要途径，越来越受到关注和重视。

（一）国际背景

从国际上看，坚持教育优先发展地位，推进可持续教育发展战略，促进教育公平，提高教育质量，关注技术创新教育教学，强化教师专业化战略，以校为本的教育改革等成为共识和新的发展趋势。继校本运动成为国际教育的发展趋向，相应地，校本研修也成为世界范围内促进教师专业发展的重要途径，得到研究者和实践者的关注。

"学校本位"的在职教师培训计划在20世纪70年代中期作为"教师在职培训的新概念与新策略"，由英、美等国首先发起。然后，该计划通过各种国际组织、会议、项目逐渐扩展到其他国家，并被广泛接受和实施，从而使教师校本培训成为教师在职培训体系的一种重要组成形式。联合国教科文组织早在1986年开展的研究项目中就特别强调：第一，学校是发生教育变革最大、最合适的地方；第二，教师有能力在学校和团体中发展他们个人的专业能力；第三，教师有必要确认并说出他们的培训需求；第四，每所学校都有独特的问题和需求，因此需要特别的解决方式和培训；第五，学校在开发人力资源和物质资源上拥有巨大的潜力。

之后，教育界逐步认识到学校在教师专业发展过程中的重要地位。学校不仅是培养学生的场所，更是培养教师和发展教师的基地。校本研修与学校课程、教学改革以及教师专业化紧密结合。2015年，经济合作与发展组织（OECD）基于教师教学国际调查（TALIS）的研究结果发布的专题报告中指出，与非校本专业发展活动相比较，植根于学校生活与教师日常专业实践的专业发展活动，对改善教师的课堂教学更能产生积极影响。

（二）国内背景

从国内看，建设高质量基础教育体系，落实立德树人根本任务，坚持"五育"并举，以新课程、新教材为抓手推进育人方式改革，深化基础教育评价改革，提升基础教育质量，建设高素质专业化教师队伍，建立高水平现代教师教育体系，加强师德师风建设，提升教师教书育人能力素质等，成为新的重点任务和要求。

国家先后制定并颁布《关于全面深化新时代教师队伍建设改革的意见》《中国教育现代化 2035》《关于深化教育教学改革全面提高义务教育质量的意见》《关于新时代推进普通高中育人方式改革的指导意见》《深化新时代教育评价改革总体方案》《关于进一步激发中小学办学活力的若干意见》《义务教育质量评价指南》等一系列重要文件，明确了"建设高质量教育体系"的政策导向、战略部署和重点要求，在新课程新教材改革、育人方式变革、基础教育评价改革、教师专业化成长、学校办学机制改革等方面做出了全面部署。

尤其值得关注的是，2019 年，教育部发布《关于加强和改进新时代基础教育教研工作的意见》，要求"发挥教研支撑作用"。教研工作是保障基础教育质量的重要支撑。长期以来，教研工作在推进课程改革、指导教学实践、促进教师发展、服务教育决策等方面，发挥了十分重要的作用。研究表明，由于教师的学习具有整体性、缄默性和情境性等特征，校本学习对教师的专业成长具有独特作用，需要得到教育行政部门、学校领导、教师、教师教育者和研究者的高度重视。[①]

---

① 陈向明，张玉荣. 教师专业发展和学习为何要走向"校本"[J]. 清华大学教育研究，2014（2）：36-43.

新时代，校本研修的主要任务是服务学校教育教学，引领课程教学改革，提高教育教学质量；服务教师专业成长，指导教师改进教学方式，提高教书育人能力；服务学生全面发展，深入研究学生学习和成长规律，提高学生综合素质。校本研修要突出全面育人研究，促进学生德智体美劳全面发展、健康成长；要加强对课程、教学、作业和考试评价等育人关键环节研究；要创新研修方式，根据不同学科、不同学段、不同教师的实际情况，因地制宜采用多种方式，提升校本研修的针对性、有效性和吸引力、创造力。这些任务的完成是一项系统工程，需要发挥不同主体的作用。

对于区域来说，开展校本研修工作应该重点考虑：发挥区域教育行政部门和教师专业发展机构对校本研修的顶层设计、系统推进和跟进指导作用，从研修机制、校本培训者和研修资源三个要素着力，构建区域优质的校本研修生态：在区域、学校和教研组三个层面形成合力，整体有效推进区域内的校本研修，促进学校校本研修的科学性、系统化和高水平，进而促进教师的专业化发展。

对于学校来说，开展校本研修工作应该重点考虑：整体规划校本研修，保障校本研修的整体性、系统性和连续性；建构校本研修制度，保障校本研修的有序高效开展；科学、专业设计与实施校本研修课程，构建专业共同体，做好教研组建设，从而解决学校和教师教育教学实践中遇到的真实问题，促进教师专业发展，形成学校良好的研修生态。

二、校本研修相关政策及分析

国家和地方都出台了关于校本研修的相关文件，对校本研修的功能定位、工作目标、工作内容、工作重点、工作方式等方面都提出了相应的要求。下面将从国家和地方两个层面分别分析文件的重点内容以及关注点。

（一）国家层面关于校本研修的主要文件及内容分析

中共中央、国务院《关于深化教育教学改革全面提高义务教育质量的意见》指出，"深化关键领域改革，为提高教育质量创造条件"，"发挥教研支撑作用。加强和改进新时代教研工作，理顺教研管理体制，完善国家、省、市、县、校教研体系。……完善区域教研、校本教研、网络教研、综合教研制度"。

教育部《关于加强和改进新时代基础教育教研工作的意见》提出："进一步完善国家、省、市、县、校五级教研工作体系。……强化校本教研。校本教研要立足学校实际，以实施新课程新教材、探索新方法新技术、提高教师专业能力为重点，着力增强教学设计的整体性、系统化，不断提高基于课程标准的教学水平。学校要健全校本教研制度，开展经常性教研活动，充分发挥教研组、备课组、年级组在研究学生学习、改进教学方法、优化作业设计、解决教学问题、指导家庭教育等方面的作用。"

此外，教育部《关于大力推行中小学教师培训学分管理的指导意见》提出："中小学校要制订校本研修规划，有针对性地设计校本研修项目、开发校本研修课程，着力解决教师日常教育教学问题，促进教师自主发展。"

综合以上三个文件的相关内容，下面从校本研修的工作体系、功能定位、工作要求、制度建设、组织实施五个方面进行分析梳理和总结。（见表 1-1）

表 1-1　国家层面关于校本研修的主要文件内容分析

维度	文件内容分析
工作体系	明确把校本教研作为五级教研工作体系中一个不可或缺的层级，而且是其中最微观的一个层级
功能定位	明确指出校本教研的功能定位，特别强调校本教研对保障教育质量所发挥的重要支撑作用

续表

维度	文件内容分析
工作要求	对校本教研的工作目标、工作重点提出明确、具体的要求,强调校本研修规划、项目设计、课程开发
制度建设	特别重视校本教研制度的健全和完善,充分发挥制度对保障校本教研科学性、规范性的重要作用
组织实施	聚焦校本教研工作的落地实施,特别重视教研组、备课组等基层组织在校本教研中充分发挥作用

(二)地方层面关于校本研修的主要文件及内容分析

以北京市为例,北京市教育委员会制定了《进一步加强中小学校本研修工作指导意见》。该文件包括六个方面的内容,分别是:指导思想、目标任务、研修要求、研修内容、研修方式、组织保障。校本研修的目标任务是"提升教师政治素养和师德修养,促进教师专业发展,促进学生全面发展,提高学校办学水平,服务区域教育发展"。研修要求包括"精准研修定位,健全研修机制,构建课程体系,规范组织管理,形成特色成果"。研修内容可分为"教师发展、学生发展、学校发展"等领域。研修方式有"自主学习、实践反思、同伴互助、专业引领、网络协作等"。在组织保障上,明确了市教委、各区教育行政部门、各区级教师培训机构、中小学校对于校本研修工作的相应职责,强调"中小学校是校本研修实施的责任主体,校长是校本研修的第一责任人"。

再以上海市为例,上海市教育委员会制定了《上海市中小学、幼儿园校本培训工作指导意见(试行)》。该文件包括五个方面的内容,分别是:指导思想、基本要求、主要内容和方式、管理考核、组织保障。校本培训的基本要求是"充分体现以校为本的特点,坚持'针对性、实践性、灵活性、实效性'的原则,把师德修养放在首位,以教育教学实践需求为导向,以实践体验为载体，以提升教育教学能力为重点，满足学校发展和教师成长的需要"。校本培训的主要内容包括"师德与素养、知识与技能、实践体验"三部分，重点是促进教师掌握并更新教育实践知识、教学实践知识、教科研实践知识。校本培训要以"教、研、训"三位一体，主题鲜明、内容丰富、考核严格、目的明确。校本培训的主要方式有"行动研究、课题研究、实践项目"。在管理考核和组织保障方面，强调"校本培训实行统一领导，分级管理"。

再以浙江省为例，浙江省中小学教师培训中心制定了《浙江省中小学教师专业发展校本研修工作指导意见》。该文件包括七个方面的内容，分别是指导思想、目标任务、基本要求、研修内容、研修形式、组织与实施、保障措施。校本研修的基本要求是"精准研修定位，明确总体原则，注重模式创新，规范过程管理"。校本研修的内容分为"师德修养、教师成长、学生成长、学校发展"四个领域。校本研修的形式分为"自我反思、同伴互助、专家引领、网络协作等"。校本研修的组织与实施强调，"县（市、区）教师培训机构是校本研修管理的责任主体"，"学校是校本研修实施的责任主体"。

综合北京、上海、浙江三地关于校本研修工作指导意见的政策文件，可以从校本研修的目标任务、基本要求、研修内容、研修方式、组织保障五个方面进行分析梳理和总结。（见表1-2）

表1-2　北京、上海、浙江三地关于校本研修的主要文件内容分析

维度	文件内容分析
目标任务	强调校本研修的目的是提升教师政治素养和师德修养，促进教师专业发展，促进学生全面发展，提高学校办学水平，服务区域教育发展
基本要求	强调要精准研修定位、明确总体原则、健全研修机制、构建课程体系、注重模式创新、规范组织管理、形成特色成果

续表

维度	文件内容分析
研修内容	强调要基于标准、基于学校发展规划、基于教师队伍建设的实际需要，凸显针对性和实践性，重视教师在师德修养、教育教学、学生成长、学校发展等领域的研修
研修方式	强调方式与目标、内容的适切性，强调方式的多样性和互补性，以课例研究、行动研究、课题研究等为主要方式，通过自主学习、实践反思、同伴互助、专家引领、网络协作等来实现
组织保障	对市、区教育行政部门和教师培训机构以及学校的职责都有明确的分工，并重视相关机制和制度的建立和完善，尤其强调学校是校本研修实施的责任主体，校长是校本培训工作的第一责任人

一些地方县（市、区）也出台了关于校本研修的政策文件。下面具体以北京市海淀区为例进行分析。北京市海淀区教育委员会印发的《关于进一步推进教研工作的指导意见》提出，校本教研要聚焦课堂、完善机制、实践改进。第一，加强规划与设计，提高校本教研的规范性和实效性。校本教研应与区级教研转型同步，在教研理念、关注的重点问题等方面保持一致。基于学校实际和教育教学全要素，聚焦学科课程育人价值理解、教学设计与实施、作业设计与学业评价等关键问题，明确每学年教研主题，开展指向实践改进的跟进式教研，切实帮助教师实现从理念到课堂教学行为的转变。第二，完善校本教研机制，培育校本教研文化。提高研究教学真问题的意识和能力。充分发挥教师的主体作用，完善'聚焦问题—学习研究—实践改进'校本教研推进机制，加强效果评估，逐步形成学科带头人示范引领的人人参与、平等互助、自主反思的校本教研文化。

此外，《"十四五"时期海淀区中小学幼儿园教师培训工作方案》提出："构建区校协同校本研修新生态。一是优化校本研修支持体系。完善顶层设计，进行评估验收，开展培训者培训，定期指导和交流展示。二是推进高质量校本研修实施。做好整体规划，健全研修制度，科学设计与实施。"

分析海淀区文件中关于校本研修的内容，可以从校本研修的整体定位和方向、研修内容与方式、机制完善与文化培育三个方面进行分析梳理和总结。（见表1-3）

表1-3 北京市海淀区关于校本研修的主要文件内容分析

维度	文件内容分析
整体定位和方向	特别强调优化校本研修支持体系，构建区校协同校本研修新生态，强调聚焦课堂、问题导向、实践改进，注重整体规划、设计与实施
研修内容与方式	特别强调校本研修的规范性和实效性，明确指出了校本研修工作开展的依据、聚焦的关键问题，以及校本研修的主要方式
机制完善与文化培育	特别重视校本研修机制的完善和校本研修文化的培育，强调真问题的研究与解决，突出教师个体的主体作用发挥

综上所述，国家和地方关于校本研修的主要文件体现出：第一，校本研修是促进教师专业发展的重要途径，有利于解决学校和教师教育教学实践中所面临的各种实际问题，对于保障学校教育教学质量发挥着重要支撑作用；第二，校本研修的内容要凸显针对性和实效性，聚焦课堂、问题导向、实践改进，强调方式与目标、内容的适切性，强调方式的多样性和互补性；第三，重视校本研修机制和制度的建立和完善、文化的培育，尤其强调学校是校本研修实施的责任主体，校长是校本研修工作的第一责任人。

三、校本研修的现状与需求

对校本研修现状与需求的分析主要是基于全国各地相关的现状调研来进行的。因篇幅所限，本节仅选取几个具有代表性的调研报告来进行分析，它们分别是：上海市八区县校本培训调研的透视与反思[1]、上海市中小学教研活

---

[1] 杨玉东. 让校本培训走向问题导向的专业学习：对上海市八区县调研的透视与反思 [J]. 教育发展研究，2014（12）：75–79.

动现状的专题调研[①]、重庆市中小学校本教研实施现状调查[②]、山西省太原市中小学校本教研实施现状调查[③]、北京市海淀区中小学校本研修和教研组长队伍的现状调查[④]。本节在综合分析的基础上试图呈现校本研修的现状。

（一）校本研修基本实现常态化，但还缺乏系统规划、专业引领、有效落实

调研结果表明，第一，作为校本研修主体的大多数教师，在参与学校校本研修规划上并未发挥出主导作用，大多数学校仍然偏向于自上而下的校本研修规划制订过程。第二，校本研修活动基本实现常态化，但缺乏前瞻性的设计与系统规划，弱化了校本研修的职能。第三，校本研修偏向于行政管理，而专业导向的组织引领还不够，不能保障有效落实。第四，在校本研修制度建设方面，对于校本研修的评价与激励还需进一步完善。

（二）校本研修的内容更加关注教学实际问题，但与教师的需求还存在落差

调研报告分析显示，第一，校本研修的内容更加关注教学实际问题，在日常教研活动中占比最多的前 3 项是"说课听课和评课、讨论教学疑难问题、教材分析"。第二，校本研修的大部分内容虽然是教师所需要的，但是还未能完全满足教师的需求，存在一定的落差。例如，在与教学实践密切相关的"教学设计与实施""教学方法和技术""讨论教学疑难问题"等方面，学校实际安排的教研活动明显还不够。第三，校本研修的内容还未做到精确细分，以满足不同专业发展阶段教师对校本研修的不同需求。例如，学科带

---

① 王洁. 新课程背景下的校本教研正在回归本意：上海市中小学教研活动现状专题调研 [J]. 现代教学，2007（9）：12-16.

② 胡方，熊知深，傅瑜. 中小学校本教研实施现状调查 [J]. 上海教育评估研究，2014（3）：45-51.

③ 贾霞萍. 中小学校本教研实施现状调研报告 [J]. 教育理论与实践，2015（11）：31-34.

④ 闫寒冰，魏非. 中国教育学会教师培训者联盟 2018 年度实践案例集 [M]. 上海：华东师范大学出版社，2020：1-22.

头人和骨干教师在"专题研讨、课题研究、课程开发"方面的需求更多，而新教师和成长期教师则对"听课评课、教学设计、教材分析"有更多的需求。第四，校本研修的内容还有所欠缺。例如，对学生学习的教研整体上被忽略了，这方面还需要进一步加强。

（三）校本研修的形式过于单一，在与研修目标和内容的适切性、研修方式的多样性和互补性上有所欠缺

调研结果表明，第一，学校频繁采用专家讲座的形式，而课例研究、成果展示、读书沙龙、网络研修、考察学习等形式较为欠缺，还不能满足教师多样化的研修需求，与研修内容不匹配，成效不显著。第二，教研模式趋同，基本都是采用听课、评课的传统教研方式。第三，缺乏对理论学习与实践应用、集中培训与自主学习、个体反思与团队研讨、专家指导与教师互助的结合，难以真正取得成效。

（四）教研组长没有明晰角色和充分发挥作用，亟需提升学科校本研修领导力

调研结果表明，新课改背景下，校本研修质量关乎课改的成效，因此教研组长的作用愈发重要，但是教研组长这一角色及其作用却没有得到足够的重视。当前教研组长队伍现状中的突出问题是：一方面，教研组长主要行使上传下达的职能，起到组织协调的作用，处在半行政的状态；另一方面，组织以听评课为主要形式的单一活动，缺乏理论指导，缺乏整体策划设计，系统性、专业性不强，随机性大，活动成效亟待提高。教研组长较少拥有教师研修工作经验，迫切需要提高包括需求调研分析、主题和目标确定、课程设计、课程实施、效果评估等在内的有效开展学科校本研修的能力。目前，海淀区教师进修学校校本研修项目组已经基于调研结果，系统规划设计了学校教师培训负责人、教研组长研修课程，在整体推进学校和教研组两个层面校本研修的设计和实施的系统化、科学化、专业化，提升校本培训者的校本研修领导力方面进行了先期探索，积累了一定的经验。

以上问题的解决，有待区域教育行政部门、教师专业发展机构、中小学校各司其职，发挥合力，共同推进。基于以上全国各地的校本研修现状调查结果，我们进一步分析可以发现下面七个方面的经验。第一，校本研修规划更加需要教师主体的参与，进行自下而上地收集、提炼、梳理教师专业发展面临的突出问题。第二，着力培育校本研修文化，激发教师的教研自觉，增强教师参与校本研修的内动力。第三，校本研修的内容还要更进一步满足教师在教学实践相关方面和关键问题的需求。第四，校本研修的方式还要进一步契合教师作为成人学习者的学习特点，以问题为中心的研修不但可以满足教师的内在需求，而且可以极大地增强教师参与专业学习活动的实际投入程度。第五，校本研修机制还需要进一步完善，建立开放的校本研修组织，形成有效的校本研修动力机制，为学校教学和教师发展提供专业服务与支持。第六，进一步探索个性化、多样化的校本研修模式，如基于问题的校本研修和基于对话与实践的校本研修等。第七，要重视教研组长在校本研修中的功能与作用的充分发挥，提升教研组长的学科校本研修领导力。

第二节　研究基础与基本理念

基于上节所述，本节试图从理论视角和已有研究成果中寻找启发，理清在既定的教育改革发展大背景和政策要求下，解决校本研修现实问题的思路。新时代，校本研修的转型迫在眉睫，而转型的关键首先是要转变理念。

一、校本研修的理论基础

针对教师的校本研修，下面将重点介绍六种理论，即自我导向学习理论、情境学习理论、社会学习理论、分布式认知理论、转化学习理论和学习型组织理论，这些理论为我们探索校本研修实践提供了丰富的启示。

（一）自我导向学习理论

诺尔斯（M. Knowles）提出的自我导向学习理论认为，成人学习具有五个特点：第一，有独立的自我概念并指导自己的学习；第二，有工作经验，这是丰富的学习资源；第三，学习的需要与变化着的社会角色紧密相连；第四，以问题为中心进行学习；第五，学习动机主要来自内部而不是外部。[①]教师通常基于自己的需求进行学习，外部强加的任务通常难以有效驱动学习；教师也通常有自己的学习目标，更关注课堂实践。总之，在教师专业发展中起着关键作用的实践性知识，需要借助自我导向的学习才能获得。

（二）情境学习理论

莱夫（J. Lave）和温格（E. Wenger）提出的情境学习理论为我们分析教师的学习提供了一个新的视角。学校是真实自然的日常情境、教师工作的实地情境、教师可以寻求专业群体帮助的社会情境。学校可以提供教师默会知识衍生和运用的生态情境。教师的学习一般寓于学校的情境之中。学校可以成为教师实践共同体生成的地方，可以成为教师参与实践共同体的自然场域，可以成为教师认知发展的实践基地。教师学习的内容、方式、环境，都是深植于学校情境的。

（三）社会学习理论

班杜拉（A. Bandura）提出的社会学习理论认为，社会学习的过程包括：榜样行为—观察与归纳—行为再现和模仿—产生行为动机。[②]行为是通过观察与模仿进行学习的。这一理论适用于分析教师在教学经验方面的学习。教

---

① 诺尔斯，等. 成人学习者：成人学习和人力资源发展之权威[M]. 7版. 马克力，等译. 北京：北京师范大学出版社，2016：30-62.
② 施良方. 学习论：学习心理学的理论与原理[M]. 北京：人民教育出版社，1994：386-391.

师对优秀教学经验的学习，主要是通过对优秀教师课堂与课外的许多行为的观察与模仿习得的。课例研修是教师习得教学实践性知识的重要载体。此外，他提出的"三元交互决定论"认为，行为、人、环境三者互为决定因素。这对我们考虑校本研修实施的核心要素很有启发。

（四）分布式认知理论

赫钦斯（E. Hutchins）提出的分布式认知理论强调，认知或知识不仅存在于头脑内部，还存在于个体之间和媒介、环境、文化之中。社会环境和文化对个体认知有重要的影响。[①] 分布式认知理论强调人际互动的学习，是与他人交往、对话，以文化为中介的社会建构过程。教师个体都积累了丰富的课堂教学经验，但也同时面临着专业发展上的新问题和新挑战，需要通过互动交流、对话碰撞，集聚个体智慧，实现共同建构，不断迭代，形成新的认知。

（五）转化学习理论

梅齐罗（J. Mezirow）提出的转化学习理论认为，经验、批判性反思和理性的对话是转化学习理论中的三个关键因素。经验是成人转化学习发生的前提条件之一，批判性反思是成人转化学习的决定性因素和必要条件，理性的对话是转化学习的催化剂。成人在与相同情境下有着相似经验的学习者进行对话和交流时，能够促进彼此乃至整个学习群体对问题的深刻理解和判断，加深学习者的批判性反思，推动对已有经验的重新审视，使学习者对新观点或认知的理解得以拓展和提升，达到既定学习目标。[②] 因此，对于教师研修，设计与实施能够使教师基于已有经验，进行理性对话，促进其批判性反思的研修课程尤为关键。

---

① 刘儒德. 学习心理学 [M]. 北京：高等教育出版社，2010：400–402.
② 付娆，谢敏. 成人转化学习理论梳理及对成人教育实践的启示 [J]. 中国成人教育，2016（20）：16–17.

（六）学习型组织理论

彼得·圣吉（P. Senge）提出的学习型组织理论认为，自我超越、改善心智模式、建立共同愿景、团体学习、系统思考是学习型组织的"五项修炼"。[①] 自我超越是学习型组织的精神基础，组织要创造鼓励个人发展的良好环境。改善心智模式是使组织成员向注重整体、互动和动态思考的心智模式转变，使组织成员自由表达自己的想法和开放接纳其他成员的看法。组织要通过建立共同愿景把成员凝聚在一起，只有组织成员成为愿景的创造者和实践者，才能实现组织的发展目标。团体学习是协力聚智的过程，通过团队思考和分析，做出正确的组织决策，强化团队向心力。系统思考是学习型组织的灵魂，组织成员要学会综观全局，形成系统思维模式。

基于以上六种理论，校本研修的设计与实施要注重：第一，尊重个体经验需求，强调自主建构；第二，聚焦实际问题，注重生成探究；第三，强调主动深度学习，建构学习与实践共同体；第四，基于工作实践情境，指向转化应用。其中，教师的主动参与、聚焦主题的研究最为关键，它能够充分发挥教师的能动性，产出深度的研修成果，从而解决工作实践中的真实问题，对校本研修的成效和质量具有决定性的作用。

此外，教育生态学理论也为我们重新审视校本研修拓展了新的视角。基于教育生态学理论，学校的发展、变革，要与所处区域生态环境的物质、信息能量流共生和交换。同样，处于区域、学校生态环境中的校本研修，也在与所处的生态环境进行着互动，也在这种互动中实现着协同共变。这也启发我们，要关注区域校本研修整体规划设计，系统分析与研究校本研修各要素之间的互动关系与运行机制，构建区、校协同校本研修新生态。本书将在第五章中对此进行重点阐述。

---

① 圣吉. 第五项修炼：学习型组织的艺术和实践 [M]. 张成林，译. 北京：中信出版社，2009：144-166.

二、校本研修相关研究综述

基于对以往具有代表性的校本研修相关文献的分析，我们可以发现，关于校本研修的研究主要集中在构成要素、模型建构、实施策略、课程设计、现状与对策、区域推进等方面，下面将重点阐述其中的一些代表性研究成果。

（一）校本研修构成要素研究

部分研究者从系统论出发，认为校本研修作为一个行为系统，其构成需要具备研修教师个人或集体、研修课题或主题、研修方式与方法、研修环境与资源、研修机制与策略五个基本要素。也有研究者从系统运行的角度将校本研修的要素划分为：共同关注的问题、民主平等的氛围、有实质内容的互动、有解决问题的策略和方法，以及教研活动之后的改进。[①]

此外，按照校本研修的活动类型划分校本研修的要素是比较具有代表性的。余文森提出，根据校本研修的三类参与主体即教师个体、教师集体和专业研究人员的相应实践活动，将校本研修的要素分为自我反思、同伴互助和专业引领。[②]

（二）校本研修模型建构研究

关于校本研修模型建构的研究主要有两个路径：

一是基于相关理论开展模型构建研究。例如，王萌亚根据知识管理循环流，结合学校层面管理，建构了以组织文化、组织结构、技术支持及制度建设这四项知识管理支持体系为特征的校本研修模型，通过知识的生成、共

---

① 胡庆芳，汤立宏，赵勤，等．校本教研实践创新 [M]．北京：教育科学出版社，2007：9—11.
② 余文森．自我反思、同伴互助、专业引领：以校为本的教学研究的三个基本要素 [J]．黑龙江教育，2013（10）：18.

享、创新、应用过程，指向教师专业发展。[①]薛春从教师专业共同体的构建、资源建设与管理、信息支撑平台建设、交流与互动、评价与管理五个方面，构建网络研修与校本研修整合模式，其构成的关键环节包括"一中心、两模块、三阶段、四步走、五变化"。[②]

二是基于实践案例提炼和构建模型。例如，严慧从研修实施、研修管理和研修评价三个方面，构建了基于实践—反思的小学英语校本研修模式。研修实施强调教师实践和反思能力的共同提升，依照"个体实践—个体反思—集体研讨—教学实验—个体反思—跟进实践"的基本流程设计每一轮的研修活动。[③]刘巧应用案例研究法，系统分析了自修—反思式校本研修模式的理论基础、构成要素、应用案例及成效分析。它由提炼"事例经验"、整合"类经验"、形成理论体系、课堂应用实践四个模块构成，关注教师的自主发展，促进教师转变为教育教学研究者和反思实践者。[④]谢颖构建了基于"微课"教学资源的校本研修模式，按照"四阶段一体化"的实施思路，经历"问题呈现—分析问题、组织分工—任务练习—评价反馈、总结"的过程。[⑤]赵欣言构建了初中化学问题驱动式校本研修模式，包含提出教学中遇到的实际问题、找出解决问题的策略、拟订策略的实施计划、教学实践并收集证据、课后反思、撰写研究报告六个环节。[⑥]

（三）校本研修实施策略研究

关于校本研修实施策略的研究主要从以下三个视角来切入：

① 王萌亚. 知识管理视角下的校本研修研究 [D]. 重庆：西南大学，2012：43-44.

② 薛春. 教师网络研修与校本研修整合模式应用研究 [D]. 南昌：江西师范大学，2016：14-20.

③ 严慧. 基于实践—反思的小学英语校本研修模式的探索 [D]. 上海：上海师范大学，2011：32-47.

④ 刘巧. 长阳县津洋口小学自修—反思式校本研修的案例分析 [D]. 黄冈：黄冈师范学院，2017：10-18.

⑤ 谢颖. 基于"微课"教学资源的校本研修模式研究 [D]. 海口：海南师范大学，2018：16-24.

⑥ 赵欣言. 初中化学问题驱动式校本研修模式的建构及其应用研究 [D]. 沈阳：沈阳师范大学，2019：19-26.

　　一是聚焦校本研修整体的、全方位的实施策略。例如，王萌亚提出知识管理视角下的校本研修实施策略，包括：第一，建设学习型组织的文化环境；第二，完善校本研修的组织与管理；第三，建设信息技术支持下的校本研修平台；第四，制定基于知识管理的校本研修制度。①

　　二是聚焦具体的校本研修活动所提出的实施策略。例如，孙丹通过研究提出，校本研修的活动流程一般包括六个基本环节：需求调查、资源学习、发现问题、方案设计、实践探究、总结反思。构建校本研修选题机制、评价机制、保障机制，促进校本研修；以课例研究、案例研究、专题研究为载体，开展校本研修实践。②徐莹通过研究提出初中数学校本研修的有效策略：一是研修活动的组织策略，包括活动前的整体规划策略、过程中的活动管理策略、活动后的反馈跟进策略、活动的实施保障策略；二是研修活动中的教师反思策略，包括针对教学设计的反思策略，对教师职业成长思维习惯的反思策略。③

　　三是从校本研修的某一个具体目标、实施载体、支持条件切入，深入研究校本研修的实施策略。例如，车言勇依据学习型组织理论，通过研究与实践，形成了一整套基于小课题研究的校本研修策略：专业定向——校本研修组织的变革策略；多维构建——校本研修管理的优化策略；流程再造——校本研修模式的创新策略；能力提升——教师专题研修的实施策略。④毛坚琼应用行动研究法，从完善基于 PCK（学科教学知识）提升的校本研修制度，整合基于 PCK 提升的校本研修资源，建设基于 PCK 提升的校本研修文化等方面提出了促进教师 PCK 催生与分享的校本研修实践策略。⑤马芳芳从研修

① 王萌亚. 知识管理视角下的校本研修研究 [D]. 重庆：西南大学，2012：29-42.
② 孙丹. 新课程背景下普通高中校本研修的实践探索 [D]. 武汉：华中师范大学，2012：9-10.
③ 徐莹. 初中数学校本研修的有效策略研究 [D]. 沈阳：沈阳师范大学，2014：18-43.
④ 车言勇. 基于小课题研究的校本研修策略研究 [D]. 烟台：鲁东大学，2012：37-59.
⑤ 毛坚琼. 基于 PCK 提升的校本研修实践研究 [D]. 上海：上海师范大学，2013：48-49.

理念、研修内容、研修形式和研修机制四个方面，提出了技术支持下的甘肃农村学校教师校本研修的策略，如视频公开课支持的听课互评，基于交互工具的在线集体备课，基于交互平台的交流与反思、同伴互助，基于网络平台的校本研修管理与考评。[①]

（四）校本研修课程设计研究

关于校本研修课程设计研究的文献较少，其中具有代表性的是贾会勤的研究。该研究发现，校本研修课程的设计首先要以研究教师的学习特点，以调动教师学习的内在动力为起点；课程设计前需要调查研修教师的需求，以提高教师参与研修的积极性，提高研修的针对性；课程实施方式的选择要根据研修内容而定；规范性的研修课程设计有助于提高研修的实效性。[②]

（五）校本研修现状与对策研究

关于校本研修现状与对策研究的文献较多，其中具有代表性的有 5 个区域调研，分别是：上海市八区县校本培训调研的透视与反思、上海市中小学教研活动现状的专题调研、重庆市中小学校本教研实施现状调查、山西省太原市中小学校本教研实施现状调查、北京市海淀区中小学校本研修和教研组长队伍的现状调查。这些研究已经在本章第一节提及，此处不再赘述。

此外，还有专门针对某学科的调研以及某地区农村的调研。例如，王迎雪通过对中学数学校本研修现状的调查研究得出，校本研修活动的开展缺乏必要的物质保障，研修模式和日常具体研修方式过于单一，研修内容还需进一步完善，教师参与研修活动的行动力不强，研修活动缺乏专家的引领和专业指导。[③]陈芳以大连农村为例研究校本研修的现状与对策，基于调查数据

① 马芳芳 . 技术支持下的甘肃农村学校教师校本研修策略研究 [D]. 兰州：西北师范大学，2016：26-34.

② 贾会勤 . 小班化语文教师校本研修课程设计 [D]. 上海：华东师范大学，2017：38-55.

③ 王迎雪 . 关于中学数学教师校本研修现状与对策的研究 [D]. 长春：东北师范大学，2013：25-26.

分析得出，校本研修存在的问题有：校本研修的认识不明确；校本研修的积极性不高；内容针对性不强，活动缺乏主题性、内容缺乏吸引力；缺乏专业引领；评价机制不健全。并进一步提出了解决问题的建议和策略：提高教师自主研修意愿；增强校本研修内容的吸引力；强化专业引领；创新校本研修模式；完善支持保障系统；完善校本研修评价体制；等等。[①]

（六）校本研修区域推进研究

也有学者突破了仅在学校层面研究校本研修的局限，站在区域的视角，研究整体推进区域校本研修，构建区域校本研修生态体系，并基于实践提出具体的推进策略。例如，周红通过对区域校本研修现状的调查和存在问题的分析，提出了区域推进校本研修的策略：组织结构的活化策略、关键人物的引领策略、支持系统的建立策略、活动载体的带动策略以及制度机制的保障策略。[②] 兰彦鹏基于布朗芬布伦纳系统分层理论，将县域教育校本研修的存在环境划分为四个系统：大系统——生态校本研修的外力推动；外系统——生态校本研修的氛围营造；中间系统——生态校本研修的必然联系；小系统——生态校本研修的个体认同。要构建县域生态校本研修体系，需要科学定位战略规划，明确分类目标，构建系列化研修内容，形成多元研修途径，形成研修保障系统，发挥机构整合优势，构筑研修生态文化。[③]

综上所述，关于校本研修的研究内容非常丰富，尤其是关于模型建构、实施策略、现状与对策方面的研究，成果较多。从研究的具体切入点来看，呈现出多视角、多层面的特点；从研究路径来看，有自上而下的研究，有自下而上的研究，也有两种路径相结合的研究。同时，我们也可以看到，校本

---

① 陈芳. 中小学教师校本研修现状及对策研究 [D]. 大连：辽宁师范大学，2017：34-52.

② 周红. 区域推进校本研修策略的个案研究 [D]. 长春：东北师范大学，2014：73-166.

③ 兰彦鹏. 教育生态视阈下县域生态校本研修推进的研究 [D]. 呼和浩特：内蒙古师范大学，2014：33-43.

研修课程虽然是开展校本研修工作的重要载体，但还不被研究者所关注。关于校本研修课程设计的研究还比较少，还缺乏深入。

三、校本研修的理念转型

在当前教育改革发展大背景和政策要求下，校本研修的现状与理想期待还存在不小的差距，还面临诸多要解决的问题。我们要正确地理解校本研修本质，把握校本研修的规律，科学、系统地规划、设计和实施校本研修。从理论和实践两方面来考量，校本研修必须要转型，而转型的关键首先是要转变理念，具体包括六个方面的内容。（见图1-1）

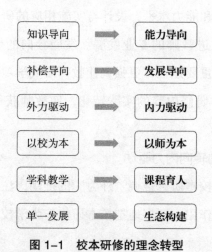

图1-1 校本研修的理念转型

（一）从知识导向转向能力导向

知识导向型的校本研修，以知识的传授为基础，强调学科知识、教育专业知识，注重知识的系统性与完整性。这种校本研修能在短时间内传授大量且系统的知识，对于教师完善知识结构、转变教育观念能起到很好的作用。但是，它却难以适应迅速变化的教育改革实践和教师实际工作需求。

而能力导向型的校本研修，则注重通过研修提升教师的能力，特别强调在教学现场和教室中提高教师的教学能力和课程育人能力。这是当前中小学校本研修所应该倡导的。校本研修的开展要结合学校的具体情况，进行教师需求调研与分析，以教师自身能力发展需求为基础，确定研修主题，设计研修课程。

（二）从补偿导向转向发展导向

补偿导向的校本研修强调"缺什么、补什么"，基于教师的知识或能力的不足，通过研修来达到现在的规定与要求，强调对于教育改革所需的具体的新知识、新方法和新技能的研修。

而发展导向的校本研修则立足于发展，充分考虑教师的差异性，根据教师的不同特点、需要和能力水平，设计与实施相应的研修课程，不断提高研修的质量，引导和促进教师的专业发展。发展导向的研修把研修看作赋能教师专业发展的一种重要途径，更强调让教师形成学习、实践、反思、改进的闭环，促进教师对研修内容的实践转化，使教师获得自身专业发展的成就感。

（三）从外力驱动转向内力驱动

外力驱动为主的校本研修强调"外力"的推动，注重外部规章制度的约束和外部激励机制的作用，更多地把校本研修作为学校的一项硬性的工作任务与内容来开展。

内力驱动为主的校本研修则强调"内力"的推动，注重教师内部发展的需要和内在动力的激发，强调教师的自我发展，强调教师在行动中的反省、探究。校本研修主要是结合教师所在学校具体的教育教学实践展开的，要密切联系教师的教育教学工作实际，强调实际问题的解决，强调互动参与和共同建构。这就需要我们在研修课程的设计与实施上，要更能激发教师学习的内驱力，使每一位教师成为反思的实践者和积极的研究者，促进自主、合作、开放的学校研修文化的生成。

（四）从以校为本转向以师为本

校本研修是以学校为主要场景进行的，是主要在本校开展的，其主要目标是为学校的发展需要服务。以往的校本研修非常注重学校的需要，采用自上而下的方式，不能充分满足教师的自身需求和发展需要，不能充分考虑教师已有的知识与经验。教师在研修中处于被动的地位。

以教师为本的校本研修，充分尊重教师作为研修主体的地位，以教师的发展需求为出发点，以教师的成长发展规律为依据，让教师成为发展和评价的主体，也更能够真正地促进教师的专业发展。以校为本和以师为本两者并不矛盾，要将自上而下和自下而上两种方式相结合，既强调教师对学校发展的责任和义务，同时还要满足教师自我发展的需要。

（五）从学科教学转向课程育人

新时期教研要从学科教学转向课程育人，在落实基础知识、基本技能、基本的学科思想方法的同时，关注每一个学科独特的育人功能，要面向学生的未来，关注每一个学科的核心素养发展。[①]

校本研修要从关注教师教学能力的提升到关注教师课程育人能力的提升。要突出全面育人研究，促进学生德智体美劳全面发展、健康成长；要加强对课程、教学、作业和考试评价等育人关键环节研究；要基于学校实际和教育教学全要素，聚焦学科课程育人价值理解、教学设计与实施、作业设计与学业评价等关键问题，明确研修主题，开展指向实践改进的跟进式教研，切实提升教师的课程育人能力。

（六）从单一发展转向生态构建

以往的校本研修，从学校层面来说，更注重校本研修制度建设、校本研修设计与实施等单一维度的思考与实践，缺乏从校本研修的整体规划、制度

---

① 罗滨. 教研：用专业和敬业服务区域教育发展：对新时期教研转型的思考与实践 [J]. 中国教师，2021（2）：6-8.

建设、校本培训者队伍建设、研修课程设计与实施、教研组团队建设等多维度统筹考虑，缺乏整体规划和系统推进校本研修，难以形成学校良好的研修生态和促进教师专业发展。此外，仅局限于学校层面来思考和推进校本研修，这样就使得一些学校的校本研修由于自身条件限制，很难实现新突破和新发展。

因此，校本研修发展的必然趋势是：区域教育行政部门和教师专业发展机构发挥对校本研修的顶层设计、系统推进和跟进指导作用，构建区域优质的校本研修生态；学校全方位、多维度整体规划和系统推进校本研修，构建学校良好的研修生态，形成教师学习共同体；区域、学校、教研组三个层面立体化、协同提升校本研修的科学性、系统化和专业性，进而促进教师的专业发展。

总之，校本研修要能够激发教师发展的自我动力，引领教师发展的方向，提供教师发展的空间，建立教师发展的机制，提升教师的自我发展能力。校本研修需要在学校教育真实场景里，通过一个个实际问题出发的"研修"，激发教师的问题意识。在内部和外部支持下，教师通过研究和解决教育实际中的问题，获得解决问题的能力，不断提高育人质量，不断走向自主的专业发展之路。

我们对本章关键问题的回应

1. 新时代，区域教育行政部门和教师专业发展机构如何发挥对校本研修的顶层设计、系统推进和跟进指导作用，学校如何整体规划校本研修并保障其整体性、系统性和连续性，成为开展校本研修工作应该思考的重要内容。

2. 国家和地方出台的关于校本研修的相关文件，对校本研修的功能定位、工作目标、工作内容、工作重点、工作方式等方面都提出了相应的要求，这为我们开展校本研修工作提供了政策依据。

3. 当前我国校本研修存在的突出问题有：缺乏系统规划、专业引领、有效落实；内容还不能满足教师的需求；形式过于单一；校本培训者的校本研修领导力较为欠缺。

4. 自我导向的学习理论、情境学习理论、社会学习理论、分布式认知理论、转化学习理论和学习型组织理论，可以用来指导我们的校本研修研究与实践。

5. 校本研修的理念应重点从六个方面实现转型：从知识导向转向能力导向；从补偿导向转向发展导向；从外力驱动转向内力驱动；从以校为本转向以师为本；从学科教学转向课程育人，从单一发展转向生态构建。

你的思考

印象	1. 本章让你印象深刻的内容有哪些？
感受	2. 这些内容让你联想到了什么？
发现	3. 这些内容对你现在的工作有哪些启发？
行动	4. 今后你在工作中将如何应用？

第二章

整体架构：
学校规划这样想

本章关键问题

1. 学校如何整体规划校本研修？

2. 从哪些方面建构校本研修制度？

3. 有哪些校本研修团队建设的策略？

校本研修是教师成长的平台和摇篮，校本研修的落地依靠教研组活动实现。我做了 16 年教研组长，一直追求教研活动的主题化、系列化、专业化，但这仅靠教研组长一个人的力量远远不够，需要获得学校支持。例如，高质量的教研组活动需要规范化的制度保障，如果学校能将教研时间固定下来，形成规章制度，那么教研组长在组织教研组活动时，就会更有底气，更有执行力。同时，学校也应对校本研修进行顶层规划，指明方向和目标，还应配套制订学年计划、学期计划，使其可实施、可落地。

——王秀娟，北京师范大学第三附属中学物理教研组长

"凡事预则立，不预则废。"要想切实发挥校本研修对促进学校发展、教师发展和学生发展的独特作用，学校应在充分调研的基础上，准确分析学校和教师发展需求，精心制订校本研修规划、计划和方案。校本研修规划是开展校本研修时具有方向性、目的性、规定性意义的一整套行动方案，聚焦解决学校教育教学实际中出现的普遍性、发展性、关键性问题，进而开展研修、探索解决方案。一般来说，学校会以三年或五年为周期对校本研修进行整体规划，并通过制定年度计划和实施方案予以具体落实。学校在制定校本研修整体规划的同时，还应同步做好相应的校本研修制度建设，为落实规划提供制度保障，从而避免随意性，保证校本研修的有序高效开展。两者相辅相成，缺一不可。同时，高质量的校本研修离不开专业团队的实施落地。因此，校本研修团队建设也是整校规划的应有之义。本章就学校如何进行校本研修整体规划、校本研修制度建设、学校与教研组团队建设分别展开论述。

第一节　校本研修整体规划

教育部印发的《关于大力推行中小学教师培训学分管理的指导意见》中提出"中小学校要制订校本研修规划，有针对性地设计校本研修项目、开发校本研修课程，着力解决教师日常教育教学问题，促进教师自主发展"。本书第一章曾提及，以北京市、上海市、浙江省等为代表的基础教育发达地区，也从政策文件上对加强校本研修整体规划做出了具体的规定和要求。如北京市教育委员会印发的《进一步加强中小学校本研修工作指导意见》中明确提出，"学校应成立由校长任组长的校本研修领导小组，确定分管教育教学工作的副校长或主任主抓学校的校本研修工作……，制订切实可行的校本研修规划、学年计划、校本研修实施方案和校本研修规章制度"。从学校内部来说，校本研修是学校整体工作中必不可少的一部分，对于促进教师队伍建设、学校内涵发展，提升教育教学质量具有不可替代的作用。因此，学校需要在充分把握校情、师情、学情的前提下，与外部培训（如市区级培训）相衔接，做好校本研修规划、年度计划和实施方案。

一、校本研修规划的整体思路

一般来说，学校校本研修规划应从学校的发展基础与面临形势出发，在做好政策分析、组织分析、教师需求分析的基础上，确立指导思想和基本原则；结合学校整体发展目标，详细规划工作目标（包括总体目标和具体目标），明确重点任务或项目，促使工作目标的达成；设置组织机构，进行人员分工，并提供制度、经费等支持，保障校本研修的顺利实施；制定评价标准与考核要求，保证研修质量。下表为北京市海淀区研制的学校"十四五"

校本研修规划框架模板，包含"发展基础与形势要求""指导思想""基本原则""工作目标""重点任务""组织与保障""考核评价"七项核心内容。（见表2-1）

表2-1　"十四五"时期校本研修规划框架模板

"十四五"时期 ×× 学校校本研修规划
一、发展基础与形势要求
（一）发展基础
（二）形势要求
二、指导思想
三、基本原则
四、工作目标
（一）总体目标
（二）具体目标
五、重点任务（包括专项研修、资源建设、课题研究、成果固化等）
六、组织与保障（包括制度保障、组织保障、经费保障、资源保障、技术保障等）
七、考核评价（包括阶段性考核评价、终结性考核评价等）

二、分析发展基础与形势要求

分析发展基础与形势要求是做好校本研修规划的第一步。发展基础常需要从学校内部条件的优势与劣势出发进行分析，形势要求则需厘清学校发展的外部机遇与挑战。归纳来说，可以从学校的育人目标、学校文化、硬件设施、教师队伍发展现状、学生发展现状等角度进行内部条件的优势与劣势分析。进行外部机遇与挑战分析时，可以从各级政策文件、课程改革的要求、可供学校使用的外部资源等视角考虑。

在分析学校校本研修的发展基础与形势要求时，最常用的方法之一为SWOT分析法，即态势分析法（见图2-1）。此方法将与研究对象密切相关的主要内部优势、劣势和外部机会、挑战等通过调查列举出来，并依照矩阵形式排列，然后运用系统分析的视角，把各种因素相互匹配起来加以分析，从中得出一系列相应的结论，为后续决策提供参考。

图 2-1 SWOT 分析法

目前，这一来自管理学的分析方法也被广泛应用于学校发展及教师专业发展领域。学校可以借助该分析方法对校本研修的发展基础与形势要求进行系统分析，然后基于分析的结果制定发展策略与规划。表 2-2 呈现的是北京科技大学附属中学采用 SWOT 分析法对学校校本研修进行系统分析后的结果，这为分析发展基础与形势要求提供了可靠的依据。

表 2-2 北京科技大学附属中学校本研修 SWOT 分析

	优势	劣势
内部条件	·学校文化理念先进，育人目标清晰 ·学校现代化、信息化教育设施完备 ·有较为完善的课程体系 ·学校骨干教师能带动青年教师快速成长	·中等成绩学生偏多，学生行为习惯还需引导养成 ·还需加强新课程、新教材实施研究 ·教师专业发展的内驱力还需进一步激发 ·各学科教师面临新老更替、"青黄不接"

续表

	机会	挑战
外部条件	·新一轮课程改革的机遇 ·集团校的资源优势：专家资源、课程资源 ·大学对口支持资源 ·海淀区高中特色学校建设	·落实立德树人根本任务，培养担当民族复兴大任的时代新人 ·周边学校教育资源的重新布局 ·新课程、新教材的校本化实施

三、明确指导思想

指导思想又称行动指南，是开展校本研修的理论基础和价值观念，对校本研修实践起促进作用。在制定校本研修指导思想时，一般可遵循"与时俱进、求真务实、创新发展"的思路。

"与时俱进"即把握政治方向，认清发展形势。学校做校本研修规划时，可重点依据国家或地方最新出台的有关教育教学、教师队伍建设、校本研修等方面的政策文件、指导意见、实施方案等，明确校本研修的方向。如2019年，中共中央、国务院印发《中国教育现代化2035》，部署了教育现代化的十大任务，其对把握校本研修规划的方向有指导意义。2021年，中共中央办公厅、国务院办公厅《关于进一步减轻义务教育阶段学生作业负担和校外培训负担的意见》提出，学校落实"双减"政策需要开展课堂提质、作业提质、课后服务提质等重要主题的系列实践探索，这就需要在校本研修中着力研究，促进学校教育教学质量的提升。

"求真务实"是指在读懂政策的基础上，还要考虑学校实际，合理定位校本研修在促进学校、教师、学生发展上的价值功能，提出契合实际的目标，回归校本研修的本真，研究、解决教育教学真问题，促进教师真反思，学生真成长。

"创新发展"首先是找准差距，定位发展目标。参照体系包括：一是以各级教育行政部门有关校本研修的政策文件要求为参照；二是以各类教育教学标准为参照；三是以学校、教师、学生三位一体的发展需求为参照；四是以校本研修工作实效突出的优秀学校为参照。其次是立足学校实际，将校本研修与本校教育教学实践和师资队伍建设实际相结合，努力突破自我，创新研修的内容、活动范式、运行机制和管理办法，实现体现本校特色的校本研修持续发展。

从下面一所学校的校本研修规划指导思想可以看出，当制定指导思想时，实际上需要统筹考虑上级文件精神、基本原则和工作目标。从中我们也可以归纳出指导思想的一般撰写框架：上级文件精神＋基本原则＋总体目标。

全面贯彻落实党的十九大以来的路线、方针、政策和习近平总书记系列讲话精神，围绕深化基础教育课程改革，落实立德树人的根本任务，引导教师做"四有"好教师和"四个引路人"，全面提高教师素养。以"师德为先、以校为本、分层分类"为基本原则，以实践和需求为导向，突出教师在校本研修中的主体地位，突出教师研修在学校教师队伍建设中的重要地位。创新培养模式，全面持续提升教师育人为本的教育境界和专业素养，建设一支师德高尚、业务功底扎实、善于合作、富有活力的教师队伍。

四、确立基本原则

校本研修作为一项长期性、系统性工作，学校在开展校本研修工作时应秉承师德为先、教师为本、问题导向、精准施训、统筹安排等基本原则。

师德为先，强调把提高教师思想政治素质和师德师风水平摆在校本研修的首要位置，突出全员、全方位、全过程师德养成，引导教师树立崇高的职业理想和坚定的职业信念，全面落实立德树人的根本任务。

教师为本，是指贯彻教师全人发展理念，尊重教师作为学习者的主体地位，扩大教师的选择权和话语权，建构教师学习共同体，创设民主平等、开放包容的学习氛围，激发并促进教师学习。

问题导向，是指校本研修解决的是教育教学真实问题。研修过程中随着实践深入和持续研修，一定会产生新的问题，这将推动研修工作持续进行，也是主题化、系列化研修的来源与过程。需要注意的是，如同实践是检验真理的唯一标准，解决问题与否也是评判校本研修成效的重要标准。

精准研修，包括精准定位研修需求、精准研发研修课程、精准选择研修形式和精准实施研修评价四个层面，旨在为学校教师群体或个体的发展提供精准的支持和服务。

统筹安排，是指用更为系统、全面的视角来规划校本研修。校本研修涉及学校工作的多个方面，一方面要注意校本研修和学校其他工作的统筹，另一方面要注意培训、教研、科研工作的整体统筹。因此，应将校本研修看作学校整体工作的有机组成部分，进行适当整合，为教师的发展构建良好的校本研修生态。

以上是规划校本研修的几个一般原则，各校可以根据本校特色和实际需要确定基本原则。下面是一所学校校本研修规划中所确定的基本原则。

1. 突出师德：把提高教师思想政治素质和职业道德水平摆在首要位置。

2. 明确中心：坚持以学习者为中心，加强对教师发展需求的精准诊断，激发教师成长的内驱力。

3. 深化改革：聚焦教育教学真问题，融合信息技术，促进课堂变革与教师发展。

4. 分类施策：根据各层各类教师的不同特点和需求，采取有针对性的培养举措。

五、定位工作目标

在确定和撰写工作目标时，可遵循 SMART 原则，这一原则由管理学大师彼得·德鲁克（P. Drucker）提出。[①]该原则指出工作目标制定与表述应体现明确性、可衡量性、可实现性、相关性和时限性的特征。（见图2-2）

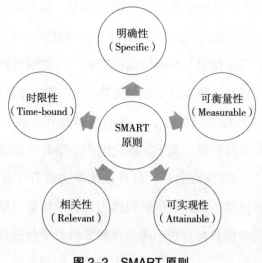

图 2-2　SMART 原则

明确性，即目标表述要尽可能清晰，要切中特定的工作指标要求，符合具体的行为标准，切忌笼统模糊。例如，有学校将目标表述为"通过校本研修促进本校教师的专业发展"，这个目标明显过于宽泛，需要通过调研进一步了解本校教师的具体发展需求，然后对接需求确定目标。

可衡量性，即目标表述要尽量数量化或行为化，便于衡量目标的达成程度。我们经常在工作目标中见到"进一步"或"基本"等词语，例如，"为所有老教师安排进一步的信息技术能力提升培训"，其中，"进一步"难以衡量研修效果，可表述成"信息技术应用能力考核平均分高于85分"，这样目标则变得可以衡量。

可实现性，是指研修目标是教师经过一定的努力后可以达成的，强调目标设定不能过高或过低，是"跳起来摘桃子"的目标，而非不切实际的"跳

① 德鲁克. 管理的实践：珍藏版 [M]. 齐若兰，译. 北京：机械工业出版社，2009：18.

起来摘星星"的目标。例如，对新任教师来说，"形成个人教学风格"就有点勉为其难，如果改为"提升教学基本功"则十分切合新任教师的发展需求。同时，可实现性还强调教师主体地位的体现，即工作目标不是学校领导单方规定的，而需多方协商，以获得教师的认同和接受，使目标深入人心。

相关性，就是目标设定与教师的岗位职责、关键绩效密切相关，让教师群体或个体发展目标与学校发展目标相关联、相一致。同时，相关性也指学校校本研修的工作目标要与国家、区域的基础教育发展的目标相关联、相一致。例如，为落实教育部《关于实施全国中小学教师信息技术应用能力提升工程 2.0 的意见》，北京市启动"信息技术能力提升工程 2.0"，市级规划指导，海淀区教委统筹监督，培训机构助力，各学校整校推进，制定校本研修方案和校本应用考核方案，基于课堂开展学科教学与信息技术深度融合研究，开展教师信息技术应用能力提升培训与校本应用考核，推进学校信息化建设与信息化教育教学创新，很好地体现了目标制定的相关性原则。

时限性，就是目标设定要有明确的截止时间。没有时间限制，大家对工作的轻重缓急会存在认知偏差，也不利于检查考核。例如，"每年需提交校本研修工作计划与总结"，这一工作目标看似非常具体，实则缺乏时限性，无法设定考核时间点。可以改为"每学年结束后一周内提交上一学年工作总结和下一学年工作计划"，这样有了明确的时间点，便于评估、督查和落实工作。

下面是北京市上地实验学校制定的校本研修目标。

总体目标

培养一支师德高尚、业务精湛、作风优良、充满活力的高素质专业化创新型教师队伍。

具体目标

1. 聚焦高质量教师队伍建设，丰富课程供给，精准重构教师研修课程体系。

2. 遵循教师成长规律与发展需求，开展分步骤、分层次、分主题、分岗位的教育教学研修项目。

3.建设校本研修网络平台，采用"线上线下"混合式研修方式，形成全时空泛在学习平台。

4.统筹校内外资源，建立全方位多层次的协同机制，固化和推广校本研修成果。

5.探索并形成科学有效的校本研修效果评价标准，依据评价结果不断改进校本研修。

6.到2025年，学校特级教师增至5人，市级学科带头人和市级骨干教师增至6人，区级骨干教师及新秀增至35人，打造高质量教师队伍的影响力。

该学校不仅设定了总体目标和具体目标，而且还做到了质性目标与量化目标相结合，这样就形成了一个目标体系。同时，学校还提前对教师进行了问卷调研，基于调研结果确定总体目标和具体目标，这就保证了所制定的校本研修目标基本符合SMART原则。

六、确定重点任务

重点任务是为达成目标而确定的主要工作。学校应根据自身不同发展时期的目标，结合学校教师队伍建设的阶段性规划考虑校本研修的重点任务，结合市、区级校本研修整体规划与支持进行有机整合。学校应在横向上关注培训、教研、科研三大类重点工作，实现三者有机融合；在纵向上关注各项工作的过程性管理，重视实施过程中的资源建设、成果固化与考核评价工作。

校本研修最常规、最核心的工作包括培训、教研、科研三大类。其中，校本培训工作覆盖不同发展阶段教师的分层培训、不同岗位教师的分类培训、不同研修主题的专题培训设计与实施；校本教研工作关注教育教学实践改进、课程建设、学科组建设等；校本科研工作指向教育教学问题的深入分析与研究，"以研促教"推进教育教学的改进，深入到具体学科或领域中，运用理论与反思改进教学的实践探索，提升教师教育科研能力。

在校本研修工作进程中必须有规划地进行资源建设、成果固化、评价管理，这是校本研修可持续发展的关键支撑。资源建设包括校本研修课程资源与专家资源库建设。要充分重视校本研修课程资源的收集整理、孵化研发和转化利用，注重校本培训者的培养，在建设校本研修专家库时，充分发挥"本校专家"的力量解决"本校问题"。成果固化则主要通过课题研究、项目研究等途径来破解难题，将教师内隐、缄默的实践性知识外显、固化下来形成成果，供更多的教师去学习、理解、应用和创新，形成"研修实践—过程提炼—形成成果—反哺实践"的良性循环。评价管理工作则注重校本研修过程中的指导、监督作用，提高研修活动质量，培育有利于教师研修的环境，激励教师更好地实施教育教学，提升自身素养。

需要注意的是，校本研修重点任务的确定与落实都要在充分研读各类政策文件的基础之上进行规划。同时，为了保证重点任务的落地实施、监督管理与评估改进，学校需要制定阶段计划，做到阶段侧重、逐步完成。

下面为北京市育英学校在校本研修五年规划中所列举的重点任务，涉及组织机构建设、分层分类教师研修、项目和课题研究及成果梳理固化等内容，几乎涵盖了学校校本研修工作的方方面面。但需要指出的是，学校还可以在资源建设规划方面做进一步的强化。

北京市育英学校校本研修规划重点任务

（一）成立专责部门

设立教师发展服务中心，设主任一名，副主任一名。教师发展服务中心主要是对教师发展起到激励、引导、协助、评价的作用。

（二）制定成长规划

调研不同层级教师的发展需求，帮助教师制定个人职业生涯成长规划。

（三）分层分类培训

聚焦教师基本业务素养的要求，进一步夯实教师学科业务功底。

1. 全员培训

每学年学校根据学科特点和教师年龄特点举行优质课比赛、解题比赛、命题比赛、实验技能操作比赛、作文写作比赛、学科专业技能展示、班主任基本功比赛、青年教师教学基本功比赛等教育教学竞赛活动。

2. 青年教师教育教学基本功提升

（1）刚入职的青年教师，一年内在师傅的指导下，完成所教学段本学科教材后面的习题。完成每年的区模拟考试试题，北京市中考、会考试题，全国高考试题等的作答和解析。

（2）针对35岁以下的青年教师，学校按照不同的教龄指定必读教育教学课程理论著作，供其学习研读，学校组织考试考核。

3. 提炼骨干教师的教育教学经验

每学年帮助5位骨干教师梳理教育教学实践智慧，为其举办教育教学经验研讨会。通过树立榜样、典型带动，激发各个层面教师发展的内驱力。促进我校特级教师、市级骨干教师等在市、区级层面发挥引领作用。

4. 创建名师工作室

根据实际情况创建名师工作室，如学科名师工作室、综合名师工作室。鼓励教师围绕共同的追求形成发展共同体，学校提供全方位支持。

（四）开展课程教学项目研究

学校倡导教师积极研究课程建设和课堂教学，打破小学、初中、高中任教界限。围绕学校课程建设、课堂教学中的关键问题，学校指定或者招募负责人牵头成立研究攻关项目组，用项目研究促进教师专业发展。

（五）开展课题研究

鼓励申报国家、市、区级课题研究；开展立足真问题的校级课题研究。

（六）寻访标杆学校

每个学科组每两年寻访学习国内标杆学校一次。倡导年级组织教研组、班主任采取"走出去，请进来"的形式开展学习培训。

（七）加强反思与交流

每位教师每年至少撰写一篇教学反思或教育叙事，促使教师成长为反思型教师。注重经验交流，继续开展教育教学论坛，时机成熟时召开学校学术年会，鼓励教师外出讲学。

七、建立组织与保障

校本研修的保障体系包括组织保障与制度保障。组织保障是指学校中为校本研修服务的组织机构、相关人员的组成及其运行，即规划与落实研修工作的实体机构与人员。校长应为校本研修的第一负责人，并建立由"校长—教学副校长（主任）—组长（教研组长、备课组长、年级组长）—教师个人"组成的分层管理网络（见表2-3），保障校本研修具体落实。

表2-3　校本研修管理分层与职责

岗位	职责
校长	校本研修第一负责人，整体负责校本研修工作

续表

岗位	职责
教学副校长（主任）	教师培训负责人，负责学校校本研修整体规划与实施
教研组长、备课组长、年级组长	负责教研组、年级组层面校本研修的设计与实施
教师	校本研修主体，积极参与校本研修

制度保障是指为校本研修规范、科学、高效实施而在学校范围内执行的规章制度体系，即一系列与校本研修工作各环节、各层面相配套的规章制度，包括组织制度、实施管理制度与评价制度。此内容将在本章第二节"校本研修制度建构"部分详细介绍。

八、开展考核评价

考核评价是加强校本研修管理、保障校本研修质量的重要环节。学校应基于发展性评价理念，建立科学评价机制，从教师个人、教研组活动及学校整体校本研修三个层面出发，分别建构评价标准，采用过程性评价和终结性评价相结合的方式，考察校本研修年度计划或阶段计划的落实情况，以及研修目标的整体与分步达成情况。同时，还应建立与考核评价相配套的激励制度，发挥评价的诊断、改进与激励作用。考核评价制度的建设也将在本章第二节予以详细介绍。

第二节　校本研修制度建构

校本研修制度是校本研修活动实施与发展的保障，是教师研修行动的引导、支持与规约力量，需要着力设计并不断完善。本节将从校本研修的组织制度、实施管理制度和评价制度三个方面进行介绍。

一、校本研修的组织制度

"组织"是开展活动的载体。组织制度是"某项工作由哪个部门牵头负责，具体谁来做"的相关规定，明确各部门职能定位、各级各类人员的岗位职责与分工，确保校本研修有序开展，形成科学、良好的研修秩序与氛围，共同推进校本研修实施与教师持续发展。

校本研修组织可考虑采用层级管理的方法，第一层为校本研修领导小组；第二层为负责统筹校本研修工作的组织机构；第三层为落实校本研修的教师专业发展组织。（见图 2-3）

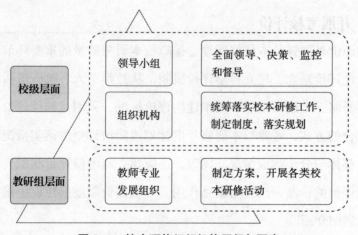

图 2-3　校本研修组织机构层级与职责

第一层是校本研修领导小组。其中，校长是校本研修第一负责人，主管教育教学工作的副校长或主任主抓校本研修工作，是教师培训负责人。领导小组成员还应包含主管学校德育、科研、信息等工作的干部。领导小组负责全面领导、决策、监控和督导学校的校本研修工作，要将校本研修作为实施学校发展长期战略的重要载体，依据国家和地方要求，充分分析学校办学目标与教师发展需求，制定校本研修规划、牵头研制评价标准、开展考核评价，引领校本研修系统、有序开展。

第二层是负责统筹落实学校校本研修工作的组织机构，由教学副校长（主任）、德育主任、科研室主任等干部及教研组长、年级组长等成员构成。负责落实校本研修规划，制定切实可行的研修制度，制定年度或学期计划，做好校级层面校本研修的组织与实施、考核与评价，开展管理与协调工作，并开发、整合和利用各种研修资源。

例如，北京市第一〇一中学教师发展学院是该校校本研修的专门机构，下设五个部门，即教学科学研究所、教育科学研究所、学习科学研究所、教师成长研究所、学术发展研究所，承担研究教与学育人方式变革、引领教师开展各级各类改革项目与课题研究、校本研修课程开发与实施、学术引领提升教师学术修养等职能，为教师的教育、教学、科研、学研、管理和自我成长提供专业系统支持。教师发展学院由校长亲自领导、学院负责组织落实，学校各部门干部及各学科教研组长共同参与校本研修方案的规划、设计、实施与评估。

有的学校也会将第一层领导小组与第二层负责校本研修的组织机构合并，便于更好地统筹推进、高效落实校本研修工作。例如，北京市育英学校规定，"教师发展学院"为教师培训专门机构，旨在强化教师分层培训，结合学校实际情况、办学特色、教师专业发展规律和教师的实际需要，设计和实施各类校本培训课程和活动，促进教师专业发展。教师发展学院成立领导小组和执行小组，领导小组由校长、教学副校长、教务主任组成，执行小组即教师发展中心，由学校教育教学相关部门干部及各学科教研组长组成，参与具体的培训、指导和评比活动。

第三层是教师专业发展组织，它是实施校本研修的基本单元，如教研组、备课组、课题组、项目组、工作室等，体现出"学习型组织"和"自组织"的特征。教研组长、备课组长、工作室主持人等是这一基本单元的引领者和骨干力量，全体教师都是校本研修的参与者、行动者和研究者。

例如，北京市第一〇一中学的实施管理办法规定，"项目组""教师工作坊""名教师工作室"，这些组织是由同一领域的教师或同一主题、项目引领下的教师组成，是以项目研究为载体，集教研、科研、培训等职能于一体的教师合作学习共同体——成为教师专业发展的综合平台。该校还从人员条件、组建流程、团队构成及分工职责方面规定了学习共同体的构成和运作要求。

在学校实践中，尽管每个学校制度规定与组织机构架构不一，校本研修具体工作的分工也各异，但都需要在校本研修组织制度上划清岗位职责，工作落实到人，形成"人人有事干，事事有人干"的工作局面。

二、校本研修的实施管理制度

实施环节直接决定了校本研修的质量。学校要为校本研修实施制定完备的管理制度，推动校本研修的有效落地。总体来讲，校本研修的实施管理制度主要包括研修实施制度、资源建设制度、经费保障制度和档案管理制度等。从现实情况来看，学校更加重视研修实施制度，但在资源建设制度、经费保障制度和档案管理制度等方面仍有待加强。

（一）研修实施制度

研修实施主要涉及校本研修课程、项目及活动的落实和推进。通过制定具体实施制度，学校可以明确实施校本研修的具体要求，提供落实的办法，为研修落地提供方向标和脚手架。依据校本研修实施内容、形式和路径的不同，研修实施制度可以从校本教研实施制度、专项培训实施制度、课题和项目实施制度三方面来建构。

1.校本教研实施制度

校本教研实施制度主要是关于学校教研组、备课组开展研修活动的相关制度。中小学教研组的主要职能是业务学习，集体备课、听课、评课等[①]，它是教师学习和研修的基层组织，是中国特色的专业共同体组织。学校要紧紧抓住校本教研这一优良传统，立足本校实际，基于已有经验，制定教研组、备课组教研活动的流程、管理和要求，并不断完善，形成有效的校本教研实施制度。

学校在教研制度的编制过程中，要结合学校教师实际情况，兼顾基础性的要求和引领性的指导，体现"抓大放小"的原则，既为教研组长和备课组长开展教研活动提供方向，又给各学科教研组立足本学科特色创新活动方式提供一定的空间，真正把教研组、备课组打造成教师学习共同体，切实提高校本教研的实效性。例如，中国人民大学附属小学制定了"校本教研制度""教师共同体观课制度"等。其中就规定，集体备课要做到"四定""六备"，"四定"指定时间、定地点、定内容、定中心发言人；"六备"包括备课程标准、备教材、备学生、备习题、备教法、备学法。该校每周的教研活动要求各学科教学干部分别进组参与并指导教研工作，这也已成为一项管理制度。再如，北京市育英学校出台了《开放性教学——教研组教研的指导意见（试行）》，规定了教研的负责人、基本形式、教研定位、研究内容，并对教研的目的、流程以及相关问题进行了具体要求和说明。为帮助教师建立小学、初中、高中一体的学科大教学观、课程观，该校打通各学段教研，一体化实施，建立学科首席教师、教研组长一体化管理听评课制度，行政干部跟进教研组制度。

2. 专项培训实施制度

专项培训实施制度主要是关于开展培训活动的各种管理规定。在日常的学科教研活动之外，学校还会开展很多培训，以满足教师的专业发展需求，

[①] 单志艳. 走向中国特色教师专业学习共同体的教研组变革 [J]. 教育研究，2014，35（10）：86-90.

主要包括面向全体教师的全员培训，如寒暑假的全员培训；面对不同发展阶段教师的分层培训，如新教师培训、骨干教师培训、名师培养等；面向不同岗位、职务教师的分类培训，如班主任培训、教研组长培训等；以及应需开展的各类专题培训，如信息技术应用能力提升培训、科研能力提升培训等。

对于这些培训，学校要有相应的实施要求，在需求调研、课程设计、组织实施、效果评价等方面要有具体规定。例如，中国人民大学附属小学形成了暑期全员培训制度和面向不同岗位、发展阶段教师的"七彩培训制度"；北京市第一〇一中学制定了《北京市第一〇一中学教育集团教师专业发展"项目组""教师工作坊""名教师工作室"实施管理办法》，对项目组、工作坊、工作室的定位、成立要求、工作要求、工作管理及考核等都提出了非常详细的要求。

3. 课题和项目实施制度

课题和项目实施制度主要是关于教师开展校级课题或项目研究的管理规定。课题和项目是教师研究课堂、改进教学、提升能力的重要方式。"教师成为研究者"的观念已经深入人心，"人人有课题、人人有项目"成为很多学校的倡导和追求。但在实际推行过程中，确实也出现了研究形式化的问题，为了研究而研究，使教师疲于应付，完全背离了课题、项目设立的初衷。因此，如何真正调动教师开展研究的积极性，指导教师更加规范、有效地开展课题或项目研究，成为很多学校面临的问题。

有鉴于此，学校应该积极探索建立课题项目实施机制，包括课题项目规划、立项、开题、过程管理、结题、验收、档案管理等[1]，以制度的力量保障研究的开展，用制度的创新提升研究的实效，真正发挥课题和项目助力教学质量改进、教师专业素养提升的价值。例如，北京市第一〇一中学不仅制定了校级研究课题管理办法，还针对校级以上的课题出台了《北京市第一〇一中学国家级、市区级教育科学规划课题管理办法》，对课题申报和课题管理都提出了明确的要求，另外还制定了《"小项目研究"执行管理办法》。再如，北京市中关村第一小学形成了项目负责制，由教师自主领衔，基于教师或学生的兴趣和问题创生项目，开展研究和探索，如 My City 项目、融合课程实验项目、儿童情绪健康促进项目、量子力学项目、整本书阅读项目以及英语低年级绘本教学项目等。

（二）资源建设制度

研修资源是开展校本研修涉及的课程资源、人力资源和物力资源的统称，尤以课程资源为重。优质丰富的研修资源是校本研修质量的重要保障。学校要重视研修资源的建设，立足本校实际情况，根据学校发展和教师需求制定资源建设相关制度，以保证资源的有序建设和合理利用。

1. 课程资源建设制度

课程资源是研修资源的核心部分，是教师研修成功的重要保证。根据建设方式的不同，主要包括资源统筹机制、资源转化和开发机制等。

资源统筹机制主要面向社会和互联网上各类优质学习资源，以合作、购买等方式实现资源共享和统筹，避免资源的重复建设。资源转化和开发机制一方面要考虑教师的经验本身就是宝贵的研修资源，学校要重视校内教师日常工作、研修过程中教学设计、课堂实录和研究论文等各种成果的积累和转化，根据研修需求遴选生成研修资源；另一方面要考虑在校内资源和社会资源无法满足需要的情况下，根据研修需要专门开发制作各类资源，用于教师研修和自主学习。

例如，北京市第一〇一中学课程资源建设制度规定：首先，学校负责统一建设可供全集团教师使用的相关资源；其次，校内教师通过教研、讨论等产生的教研成果可上传至平台，共享给其他教师。其中，资源库分为校区内资源库、集团联盟资源库、个人资源库等，学校可根据资源内容、类型等进行分类管理，教师也可根据自身情况在不同范围内共享。

2.人力资源建设制度

人力资源是研修资源的基础。校本研修的人力资源包括研修活动的负责人、组织者及研修师资，根据师资来源的不同，可分为学校内部的校本培训者和学校外部聘请的专家。学校应建立相应制度，通过校内培养、校外联动，为校本研修提供专业师资的支持。

校本研修师资队伍的培养主要是内部挖潜。学校可根据本校教师的经验、专长和优势，持续培养，建设一支具备专业技能、丰富实践经验的校本培训师资队伍。这样既能发挥优秀教师的辐射引领作用，又能为校本研修节约成本。例如，北京市第一〇一中学的"圆明讲坛"，以本校教师为主要主讲人，这就是在培养校本化的研修师资队伍。

在校本研修中，专业引领是先导。专业引领的实质是先进教育思想和教育榜样的引领[1]。这就需要重视外部专家资源，可聘请来自高校、研修机构、科研机构和社会机构的师资形成专家库。例如，中国人民大学附属小学充分利用家长、大学、社区等社会资源开展校本研修活动，"十三五"时期，先后邀请了100多位在国内各行各业做出突出成绩的知名学者、专家、先进人物等走进七彩名家讲堂，进行全员教师培训，同时，还邀请市区各学科领域的专家引领指导教师专业提升。北京市中关村第一小学则依托中国教育科学研究院资源，建立专家驻校引领校本研修的长效机制。

3.物力资源建设制度

物力资源是研修资源的保障部分，主要是指研修场所。根据研修场所研修空间的不同，物力资源建设制度可分为线下研修空间保障制度和线上研修平台

---

[1] 韩江萍. 校本教研制度：现状与趋势 [J]. 教育研究，2007（7）：89-93.

建设制度。

线下研修空间要满足教师研修的实际需要，打造专业、舒适的教师学习和研修空间。有条件的学校可以设置专门的教师研修室，在环境创设、设备配置、桌椅摆放等方面，考虑教师们的实际需要，为教师学习提供便利、温馨的学习环境，保障教师能够随时开展各种交流和研讨。

线上研修平台是互联网快速发展趋势下教师学习空间的拓展，具有信息发布、资源共享、人际交互、数据统计等多重功能，能为教师的自主学习、个性化学习提供良好的环境，为教师的相互学习、相互切磋提供交流的空间。[①] 线上研修平台对实现教师学习方式的变革，推动教师研修的自主化、个性化和智能化等作用愈发凸显。例如，北京市中关村第一小学基于"葵园e家"全场景教师工作发展平台，搭建了增质提效、专业发展、成就激励三大类服务，包括协同备课、混合教学、导师育人、听课评课、校本活动、校本科研、校本培训、教师评价、学术积分、荣誉获奖、成长档案等十余个子系统，为教师发展赋能。

（三）经费保障制度

研修经费是校本研修顺利开展的重要保障。各地一般都会按照相应的标准下达教师校本研修经费。例如，北京市教育委员会印发的《进一步加强中小学教师校本研修工作指导意见》明确要求：各区教育行政部门要严格按照中小学校年度公用经费预算总额的 5% 用于教师培训的规定，专项列支，确保校本研修工作顺利推进。学校应当建立起严格规范的校本研修经费保障制度，以实现培训经费的高效利用。

学校建立校本研修经费保障制度时，要注意三个方面。一是要专款专用，即财政下达的全部校本研修经费，务必全部用于教师专业发展相关的活

---

① 苟永霞．利用"互联网＋"开展校本研修的策略[J]．辽宁教育，2018（22）：58-60．

动，不得挪作他用，这也是底线要求。二是要统筹分配，学校应根据年度研修计划，统筹经费使用，合理有序支出，既要保障全体教师受益，又要有重点方向，尤其要保障重点任务的实施，实现教师研修经费的公平使用。三是要有绩效检查，对于研修经费的使用效果，学校要制定切实可行的绩效考核机制，评价经费的绩效收益情况，让每一分钱都花在刀刃上，真正促进教师的专业发展。

（四）档案管理制度

培训档案是校本研修规范操作的程序性保证。研修档案管理制度的建构包括研修档案和教师档案两个方面。研修档案从学校和教研组层面进行规定。档案负责人为校本研修项目的负责人，如学校教师培训负责人、教研组长、名师工作室主持人。学校统一制定档案目录。档案内容主要包括调研资料、方案课表、学员资料和研修总结等，由负责人定期整理完成存档，为开展总结反思、后续研修以及各类检查提供资料基础。教师档案从教师个人层面进行规定，主要收集教师参与校本研修的资料、研究成果等。教师档案主要由教师本人收集整理，形成个性化的档案袋。学校统一制定教师档案袋目录与整理要求。这既可以体现教师的发展历程，为研修效果评价提供支撑，又可以捕捉教师的实践智慧，实现个人知识管理。

档案管理制度保障了校本研修过程性材料管理的规范性，使校本研修活动有据可依、有证可查；保障了校本研修的延续性，不仅具有记录当前研修实践过程与成果汇总的意义，长远来看，还具有记录学校研修历程与发展的历史意义。因此，应当予以重视。

三、校本研修的评价制度

校本研修评价是对教师教育教学状况与专业发展水平及校本研修质量和

效果做出的价值判断。[①] 2020 年 10 月，中共中央、国务院印发了《深化新时代教育评价改革总体方案》，其中要求：坚持科学有效，改进结果评价，强化过程评价，探索增值评价，健全综合评价，充分利用信息技术，提高教育评价的科学性、专业性、客观性。义务教育学校要重点评价促进学生全面发展、保障学生平等权益、引领教师专业发展、提升教育教学水平、营造和谐育人环境、建设现代学校制度以及学业负担、社会满意度等情况。校本研修要促进教师专业发展，调动教师教学、研究热情，需要遵循发展性评价理念建构评价制度，促进被评价者不断实现发展"增值"。可以从校本研修整体评价、校本研修活动评价、教师个人研修评价三个层面建构评价指标，对校本研修的设计、实施过程和成果进行测评，为教师专业持续发展、校本研修的改进提供导向和依据。

（一）校本研修整体评价

校本研修整体评价需要全面考虑学校校本研修工作各方面。评价指标的建构可包含校本研修保障、校本研修课程、教研组建设和校本研修成果等维度（见表 2-4）。校本研修整体评价主体可以是学校自身，也可以是学校外部专业机构。例如，北京市海淀区教师进修学校负责的区级校本研修先进校的评选，即采用学校自评和机构他评结合的方式，具体指标体系与实施要求参见本书第五章第一节"完善区域校本研修制度机制"，体现了区级教师研修机构对学校开展校本研修活动的价值引领、方向指引、活动规约和标准示例。

表 2-4　校本研修整体评价标准结构

评价维度	评价内容
校本研修保障	关注校本研修的制度建设和资源保障，包括学校的校本研修组织机构，规划、计划和实施方案，各项管理制度，研修课程体系建设、资源建设等

---

① 王冬凌. 制定校本研修评估标准的策略 [J]. 人民教育，2010（23）：27-28.

评价维度	评价内容
校本研修课程	关注校本研修课程的设计与实施,包括研修目标、研修内容、研修方式、研修实施与评价
教研组建设	关注教研组研修与队伍建设情况,从教研组层面看校本研修的具体实施以及作用发挥
校本研修成果	关注研修成果和成果推广,体现校本研修在促进教育教学发展和教师个人成长方面的价值,以及在区域乃至更大范围的辐射作用

(二)校本研修活动评价

校本研修活动评价旨在提高研修活动的质量。学校可依据研修设计、研修过程和研修效果三个维度制定评价指标(见表2-5),评价研修活动设计的科学性、研修实施的规范性,并检验教师参与研修的成果。用标准引领,以成果为导向。具体指标体系建构与操作要求参见第三章第四节"研修评价与改进"。研修活动的评价应由学校校本研修主管领导负责,由校本研修组织机构成员制定标准、章程并具体实施。在评价研修活动成效的同时,还应注意提升活动组织规范意识、成果意识和资源建设意识。如北京市第一〇一中学制定"小项目"研究管理办法,从研究过程、论文发表、论文获奖、课题级别四个方面设定评价标准,结合积分制管理方法,对科研"小项目"进行评价。

表2-5　教研组活动评价标准结构

评价维度	评价内容
研修设计	背景分析、问题诊断、资源配置
研修过程	问题反馈、原因分析、过程生成
研修效果	研修满意度、学习效果、行为表现、工作绩效、问题解决

（三）教师个人研修评价

教师个人研修评价强调促进教师自主成长，将评价活动与教师专业发展过程、教学工作的改进关联起来，可采用教师个人研修档案袋、教师个人专业发展规划及评价、积分制管理等评价方法。

教师个人研修档案袋记录教师参加校本研修的过程性材料，包括参训考勤、研修作业、研修成果等内容，可作为对教师进行学期、年度、阶段考核的依据，并可分类量化积分。教师个人研修档案袋平时由教师自行管理，学校定期检查，从而把握教师参与研修和个人发展状况，及时解决教师发展中遇到的实际问题，并建立对教师发展的连续性跟踪评价机制，使评价更好地促进教师的专业发展。

教师发展规划与评价制度不仅要关注教师发展结果，更要注重引领教师专业发展过程性指导，形成教师发展"目标制定—过程提升—成果评价"的工作流程。它强调教师对自己的专业发展负责，同时进入学科组、学校教师培训规划的视野中，三者协同发力、促进教师成长。例如，北京市育英学校依据教师的专业发展阶段，分层分类与教师共同设定了个人发展规划，学科组实施教师三年专业学习及能力提升培训，并制定评价标准和要求落实规划目标，促进各类教师发展。

激励性评价能给教师心理满足和精神鼓舞。校本研修中教师个人积分制评价关注对教师和校本培训者的双重评价与激励，对表现优秀的教师给予相应鼓励，真正发挥激励导向的作用，增强教师发展的动力。例如，北京市育英学校制定"师徒研究共同体"制度及量化评价办法，从培训考勤、青年教师基本功、教学成绩、教学比赛和辅导学生竞赛的附加项四个维度设定指标权重，进行积分评价，以徒弟"成长积分"的形式，对学科师傅的指导业绩进行量化评价，并在学年末进行汇总排名，设定奖励级别与比例。该校注重对教师物质和精神的双重奖励，奖励级别与工作津贴挂钩，获得优秀奖项的师徒可在学校科研论坛"师徒研究共同体"成长分论坛进行发言。

需要注意的是，校本研修制度的建设绝非编拟起草制度文本的过程。要看到，制度是活动中生成与积淀下来的、为人们所共同接受的、为促进活动持续开展而形成的行为规程[①]。因此，校本研修制度化的过程同时也是在教师群体中培植与共建学校价值观念的过程，也就是校本研修制度文化的形成过程。正是在制度与文化的双重作用下，各校校本研修实践才呈现出风格不同、各具特色的样貌。

第三节　学校与教研组团队建设

学校的教育教学质量是学校生存与发展的根本所在，而教师群体是决定教育教学质量的根本。学校与教研组团队建设是校本研修有效实施的前提和基础。

一、团队建设的方向与路径

教师团队建设的方向是建设专业学习共同体。专业学习共同体具有以下三个属性。一是专业性。这个组织要以促进教师专业发展、提高教师教学质量和专业素质为目标。二是学习性。学习既是专业学习共同体的基础、方式，也是成员共同为之努力的目标。三是合作性。合作是专业学习共同体的最基本模式。教师通过合作的方式，承担任务、互相支持、共享经验，最终实现组织共同追求的目标。[②]

团队建设的路径如图 2-4 所示。教师专业学习共同体以每个成员真心向

① 张丰. 校本研修的活动策划与制度建设 [M]. 上海：华东师范大学出版社，2007：1.
② 朱淑华，伍思静. 论大学外语教师专业学习共同体的构建 [J]. 东北师大学报（哲学社会科学版），2012（3）：134-137.

往并愿意为之付出努力的目标为共同愿景，形成团结合作的教师团队，构建支持保障性条件，有效开展专业发展活动。

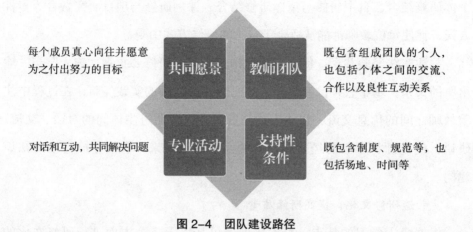

每个成员真心向往并愿意
为之付出努力的目标

共同愿景

教师团队

既包含组成团队的个人，
也包括个体之间的交流、
合作以及良性互动关系

对话和互动，共同解决问题

专业活动

支持性
条件

既包含制度、规范等，也
包括场地、时间等

图 2-4　团队建设路径

二、团队建设的策略

（一）学校层面：创新研修方式，构建研修文化，形成学校研修生态

学习型学校的教师专业学习共同体建设，首先是学校文化影响的研修文化构建，倡导民主平等、合作共享、彼此信任、追求卓越的研修文化，形成学校良好研修生态，可在以下三个方面着力。

1. 创新研修方式，促进教师参与

当前，研修方式越来越强调教师深度参与、互动体验，要以教师为主体，努力创新研修方式，调动教师参加研修的积极性。

关注教师主体特征，强调自我导向式研修。教师研修是成人学习，是自我导向的学习。成人根据自己的需要、特点，进行自主学习和自我反思，这是有效的学习方式。因此，校本研修要注重激发教师自主学习的动机，提供自主学习的空间，使教师以主动的姿态参与到学习中，从而实现自我导向学习。例如，学校新任教师的研修可以采用师徒结对的方式，发挥新任教师自主性，主动确定研修主题与内容，师傅根据新任教师自我学习的情况进行跟进式辅导。

关注多样学习需求，采用多元的研修方式。例如，学校采用群体研修与个体研修结合、自主研修与集体研修结合、课例研修与项目研究融合等多种方式，促使每位教师都能从适合于自己的研修方式中受益。

关注实践经验共享，促进自我建构式研修。研修要重视"输入"与"输出"的关系，基于教师已有经验，并充分挖掘教师的实践经验，在过程中注重教师之间的信息交流、想法表达与资源共享，通过主体间的对话、交流、研讨，使教师将自己的经验和别人的经验联结起来，有效完成自己的知识建构。

2. 营造研修文化，提高研修质量

根据成人学习的特点，校本培训者可从以下三个方面进行研修文化的建设。

一是建立民主平等的主体关系。校本研修的主要设计实施者是校本培训者。校本培训者与全校教师合作，组成专业发展共同体，建立民主平等关系，有利于缩短与教师的心理距离，融洽情感关系，激发教师内在动力，形成积极的、愉悦的研修心态，实现研修目标。

二是提供精细个性的管理服务。教师对研修管理服务的满意度影响其对研修项目的整体评估。作为校本培训者，在研修中要做好研修管理，为教师提供细心、贴心的研修服务，使教师乐于参与到研修活动中。

三是建设引导规范的文化制度。制度建设是研修文化建设的具体表现，在研修文化建设中起引导与规范的作用。对研修制度的建构，主要包括对校本研修的组织制度、实施管理制度和评价制度的建构，具体内容参见本章第二节。

3. 打造团队文化，优化研修生态

在团队建设中，要加强团队领导与领导之间、领导与教师之间、教师彼此之间的交流沟通，促进知识共享，鼓励创新，包容失败，优化研修生态。具体来说，可以从以下三个方面入手打造团队文化。

一是融洽人际关系。学校营造相互提携、相互支持、相互宽容和相互学习的文化氛围，增进干群关系、同事关系，鼓励成员为团队建设献计献策，为学校及教师的发展而共同努力。

二是交流共享经验。众行者远，团队协作的力量是前进的动力。团队领导和教师只有多向交流沟通，充分互动，吸取失败教训，共享成功经验，拓展研修资源，增长实践才智，才能促进学校层面与教师个人层面的学习。例如，北京市十一学校每年的教育年会，以产品的形式分类发布，既尊重教师的知识劳动，又分享教育教学成果。北京市十一学校一分校面对不同层次的教师，开展各种主题的沙龙活动。其中，读书沙龙是青年教师的读书分享，教学沙龙是青年教师的教学经验分享，德育沙龙则是班主任的德育经验与感悟分享等。

三是鼓励自我超越。鼓励学习创新，激励自我超越。学校要增强教师学习的使命感与责任感，鼓励教师把工作、生活与学习有机融合，形成不断自我超越的成长态势，并相互促进；要营造人人学习、时时学习、处处学习的文化氛围，促进团队的良性发展。

（二）教研组层面：制定发展规划，丰富研修策略，促进教研组建设

学校教研组层面的团队建设，很大程度上取决于学校层面的塑造和影响。一般来说，学校文化作为全体成员共同认可和遵循的价值观念和行为准则，以及工作氛围和物化的环境风貌的整合与结晶，反映在学校的指导思想、管理风格和行为方式上，也直接反映在学校教师的工作方式和风格上。因此，教研组文化离不开学校文化的影响，同时又有自己的特点。

1. 教研组长的角色与作用

教研组长是教研组建设的核心人物。北京市海淀区的研修实践及相关课题研究表明，教研组长应该具备学科教学能力、教学研究能力、教学指导能力、规划设计能力、团队建设能力、组织协调能力、课程建设能力和学术引领能力八项能力（具体参见本书第五章内容）。教研组长在带领团队研修的过程中，起着方向把握、引领创新、现场指导、示范分享和开拓资源等重要作用。在团队建设中，教研组长可以发挥如下作用：

第一，促进文化建设，营造团队共进的氛围、场域。教研组长可以与成员一起商定共同遵守的规则与公约，并带头遵守约定；可以做同伴成长中的欣赏者、促进者，形成良好的互动关系；可以做组员实践中的"合作者"，带头进行分享、主动贡献；最重要的是，带领组员共同确定团队发展愿景，并创造条件，提供成员"在一起"的机会、场所和空间等，使成员对教研组文化产生情感认同。

第二，促进团队学习，将个人的才智导向共同愿景。团队学习是指一个团队"以新的协作方式，带着全面协调和团结一致的意识思考并行动"。教研组长促进团队学习，要通过开展遵循一定规则的对话和讨论活动，使成员能够去理解并欣赏各自所发挥的不同作用；要依托一定的载体，增强团队凝聚力，创造有利于学习和分享知识的学习环境等。

第三，促进团队合作，通过合作实现团队创造。教研组长要善于提供团队合作的契机，引领组员共同开展创新研究，共同形成合作研究的激励措施，实现团队创造。例如，教研组长带领成员研究具有挑战性与开放性的真实教学问题，形成创新成果，促进教学改进。

2. 教研组发展规划

教研组承载着研究、指导、培养、管理及服务等多项职能。学校在教研组建设中，应弱化教研组的行政管理职能，将教研组转变为一个适应课程改革需要、适应学校发展和教师专业发展需要的学习型组织，强化平等、共享、合作的组织特点，将其建设成专业学习共同体。在学校校本研修整体规划下，结合教研组实际情况，科学制定教研组发展规划至关重要。

（1）运用SWOT分析法，确定教研组发展方向，制定发展目标

SWOT分析法在本章第一节已有介绍。把这种方法具体应用到教研组建设方面，进行背景分析时，教研组长不妨带领成员一起思考：教研组内部有什么优势和劣势？围绕社会、学校当前工作目标、工作重点和成员情况，思考这些情况为教研组的发展提供了哪些有利条件和不利条件。利用这种方法可以从中找出对教研组有利的、值得发扬的因素，也能从中发现存在的问题，找出解决办法，并明确以后的发展方向。

通过SWOT分析，可得出一系列相应的结论，然后可将结论按轻重缓急分类，明确哪些是影响长远发展的，哪些是目前急需解决的，哪些是可以稍微延后处理的，最终确定当前的发展目标。

以北京科技大学附属中学为例，该校在运用SWOT分析确定构建"五育"并举的课程体系之后，各教研组同步开展了"提升教师课程建设能力"的研修，落实学校课程建设目标；通过专家引领、设计体验和案例分享等教师研修课程，学中做、做中研讨，在实践任务中具体操作，从而建构了教研组的特色研修课程。

（2）依据发展目标，科学制定教研组发展规划

教研组制定发展规划的思路与制定学校规划的思路大同小异，需要在学校校本研修整体规划下结合本组的实际情况和学科特点，考虑学校规划在本组更具操作性的落实，可以重点考虑以下几个方面（见表2-6）。

表2-6 教研组研修规划主要框架

序号	要素	主要内容
一	背景分析	对大背景、发展环境和教研组自身情况的分析
二	发展目标	包括总定位和目标、具体和分项目标及任务

续表

序号	要素	主要内容
三	具体措施	包括课堂教学管理、教学科研、教研活动、课程建设、青年教师培养、骨干教师发展等，含教研组整体建设的路线图
四	有效保障	如制度保障、组织保障、资源保障等

具体的规划思路在本章第一节已经详细阐述，这里不再重复。下面用一个学校教研组的案例为大家提供借鉴思路。

北京市海淀区教师进修学校附属实验学校
生物教研组发展规划 [①]

一、背景分析

（一）指导思想

在培养学生生物学学科核心素养总体目标指导下，本教研组在原有"深度学习"成果的基础上，进一步以单元教学设计为抓手，推进生物学学科核心素养在课堂教学中的实践与落实；多角度、多层次和多种方式开展校本研修，走出去、请进来，发挥海淀区学科教研基地校的引领作用，努力提升生物学学科校本研修水平，为每位教师的发展搭建平台，提升教师的教育教学水平。

---

① 本案例由北京市海淀区教师进修学校附属实验学校提供，主要撰写者为该校生物教研组长宋茂卿。

（二）教研组状况分析

1. 优势

教研组有市骨干教师 1 名，区学科带头人 3 名，区骨干教师 4 名，占团队总人数的 75%，其中硕士 3 名，博士 2 名，是一个有研究能力的团队。团队的特点是"团队研究，分享创新"。我们坚信"一枝独秀不是春，万紫千红春满园"。

学习是组内永远不变的主题。组内"积极研究、学习、工作合一的专业成长团队文化"已经形成。学校以专家与备课组、教研组团队为依托，采用"从问题出发、学科组研讨、备课组研究、教师课堂实践、发现问题学科组内再研究"的双向研修方式，推动我们在课题、项目、课例、中高考教学方面进行研修，取得了一定的成绩，并逐渐形成了学科的校本研修框架。组内教师也多次承担区级、市级研究课，积极支持国家课程资源建设，产出大量的经验交流成果。

2. 挑战

在自我反思中，我们深刻地意识到，学生的学习方式与教师的教学方式需要变革。问题也随之而来——要学生进行深度探究，但是课时紧，40 分钟探究不充分，怎么办？科学家如何探究？培养科学精神，要学生真正走近科学家进行真实体验，这如何实现？如何在理论指导下进一步提炼和提升取得的成果经验？

3. 机遇

高中组参与海淀区"普通高中指向核心素养的深度学习教学改进项目"研究，初中组成为区项目式学习实验校。区教研指导和集团校引领，帮助我们在深度学习指导下的单元教学设计中落实学科核心素养，促进教师和学生的发展。学校给我们提供校本课程群实践的时间保证，支持我们进行成果梳理。

4.不足

教师在设计学生的学习活动时存在经验主义；教师的理论水平需要提升。

二、发展目标

教研组在集团校内起到领跑作用，在海淀区深度学习、项目式学习的实践中起到示范作用。教研组内的每位教师都能在理论与实践方面有所提升。30%的教师能成为教育教学研究的专家型人才。

（一）教师队伍发展目标

1. 以成果梳理和课题研究为抓手，提升教师理论水平与教科研能力，使他们能做到在理论指导下设计教学活动。

2. 以市级、区级、校级研究课为抓手，提升教师的教学实践能力和教学研究能力。

3. 以等级考试题研究为抓手，进行素养评价的策略研究，提升试题命制能力。

（二）课程建设目标

设计和建设校本课程群，提升教师课程建设能力，有效促进学生核心素养的发展。

三、具体措施

（一）围绕《深度学习校本化落实十问》书稿的落地，以课题研究为抓手，促使教师阅读有关深度学习的理论书籍，提升教师理论水平。

（二）每学期聘请专家做讲座和具体案例研讨1—2次，解决各备课组、教研组内急需破解的研究难题，在专家的指导下开展深度学习或项目式学习的展示课活动。

（三）设计教研组专题活动，集中解决备课组研究难点问题，并在教研组、备课组内积极听、评课，每学期不少于3次。

（四）积极参加区、市级研究课、比赛和经验交流活动。备课组内要有具体的研究课计划，包括新教师每学期的达标课。

（五）每学期初高中各一节集团校内展示课，与集团校内教师进行交流。

（六）作为课堂教学的有效补充，依托中国科学院资源建设学科校本课程群。在原有实验探究课程的基础上，三年内建设完成"肿瘤免疫""传染病与预防""中医理论"3门课程。备课组根据各年级学生选修情况组织开设。

四、有效保障

一是生物组教师有积极的研究热情与主动的学习习惯。

二是高中学段参加了市、区级深度学习课堂，有专家的研究引领；初中学段参与了区级项目式学习项目实验，得到了项目团队、海淀区、学校的大力支持。

三是学校为校本课程的实施提供了专门的时间、经费支持。

3. 教研组制度建设

教研组的专业活动要有制度和机制做保障，最终目标要指向教师发展、学生发展以及学校发展。常规的制度机制建设主要考虑以下四个方面：

一是教学常规落实。学校从教师与学生两个维度对教学工作进行规范，明确备课、上课、作业、辅导、检测、评价等诸多方面的具体要求，并对常规制度落实情况进行检查、督促、反馈与修正等。

二是研修活动制度。研修活动要做到"四定"：定活动时间（活动频率）、定活动地点、定活动内容主题、定中心发言人。研修内容可以包括组织学习研讨，如研讨政策文件、教育理论、新课程理念等；开展教学研究，研究各种课型，诊断教学问题，跟踪教学行为，分析研究对策等；开展专业引领，撰写教学案例、教学反思、课堂实录、教学论文等（有成果要求）；搭建展示平台，如提供交流分享的机会、参与评奖以及搭建公开课的展示平台等。另外，各项活动要有相应的评价标准，如课堂教学评价标准，还要有检测教学效果的方法。

三是课题研究制度，包括日常管理、过程推进、资料收集、反馈跟进等。课题研究要明确任务并指向成果，即起始有计划，过程有任务，结束有成果；要坚持研教融合，在教学中开展；要指向教育教学中的问题解决。

四是教学资源建设。伴随着日常研修活动的开展，教研组要注重过程性研修资源向教学资源的生成与转化。大家群策群力，架构教学资源体系，并形成具体制度。通过展示、分享、交流和协作，促进研修资源最大限度地转化。

4. 教研组建设的基本路径

教研组作为教学研究组织，进行学科建设，特别是学科特色建设尤为重要。要以学科团队为基础，从学科课程的结构体系、学科教学的改革经验、学生学习的基本情况等要素着手，分析学科发展的内外条件，对学科的优势与劣势、历史与现状、主要问题和发展潜力等有一个清晰的认识，充分利用学校内外部的学科资源和机遇，建设学科特色。上海市教育科学研究院杨四耕认为，学科特色建设包括学科团队、学科学习、教学特色、特色课程四个方面。这也是教研组作为承载着研究、指导、培养等功能的学习型组织建设的基本路径。

一是打造优秀的学科队伍。组建一支结构合理、富有活力、团结合作、具有创新精神的学科团队是学科特色建设的前提和基础。把学科团队打造成优秀的教研组或区域学科教研基地，这不仅要考虑学科团队的年龄结构、知识结构和职称结构，还要考虑引领学科发展的名师、支撑学科发展的骨干教师和优秀教师。

二是改进学生的学科学习。要把学科学习作为突破口，对学生开展系统的学习方法指导，帮助学生形成正确的学习观念，养成良好的学习习惯。通过转变学生的学习方式，激发学生学习的积极性和主动性，提升学生的学习素养，进而促进学科教学质量的全面提升。

三是培育学科教学特色。要从教学思想、教学组织形式、课堂教学模式、教学改革项目等方面培育学科教学特色。努力构建个性鲜明的课堂教学，采用多样化的教学形式、方式和手段，形成属于本校的教学特色。例如，北京市第五十七中学的"友善用脑"项目实践就形成了独有的教学模式和教学特色，推动了学校及学科的教学水平提升。

四是建立特色课程群。学科课程群是学校多样化特色发展的重要标志。要构建结构完整的、系统的学科课程体系，为学生提供多样化的课程选择，加强课程的针对性和多样性，满足不同学生的个性发展需求。[①]要全方位建构学科课程资源，包括从完整知识体系到模块结构、单元课程内容建设，基于学科核心素养培养的教学方法、模式建设，单元设计、优秀课例、教学课件等课程资源建设，以及作业系统改进和试题命制等评价系统建设等，为全面提升教学质量提供资源支撑。

聚焦以上四条路径的持续深入推进，教研组的发展也会经历"常规性—发展性—示范性"的建设阶段。对于处于常规性建设阶段的合格教研组，要重点加强教研制度保障，坚持学习与活动一条线，计划、检查与总结一条线，双线并行强化落实；规范课堂教学，从本学科及与本学科相关课程的教

---

① 杨四耕 . 中小学特色学科建设的思路 [J]. 新课程（综合版），2017（12）：1.

学常规的落实，到教学改革的实施推进，再到教学质量的全方位保障，贯彻到底；重视青年教师基本功培养，加强团队的整体建设。对于处于发展性建设阶段的优秀教研组，要注重基于课程建设需要的有针对性的群体学习；注重在以优化学习方式、改革教学模式的教学个体反思基础上的团队反思；树立群体成果意识，为学校积累校本经验和资源；培育骨干教师，形成教学特色。对于已经处于示范性建设阶段、承担区域学科教研基地任务的教研组，要有"叫得响"的学科名师；形成有一定知名度的教学风格；积累有一定影响力的教研资源（经验、理论、课程）；具有可持续的综合发展力，具备承担学区或区域学科教师培训任务的资源基础和资质，进而成为区域教师学科研修基地。

本章是从学校整体层面谈校本研修的蓝图与实施架构，校本研修支持性、保障性制度体系的建立，学校及教研组的团队建设。校本研修规划的落实要在具体的研修活动中实现，需要进行科学的设计与实施，接下来的第三章将对此详细展开论述。同时，校本研修规划与制度建构不应只局限在学校范围之内，还应该包括区域教育行政部门和教师研修机构为支持和推进校本研修所规划的重点工作方向、制定的有关制度、开展的相关培训以及策划组织的相关活动。所以，"以校为本"并不是孤立的学校行为，学校应加强自身与科研机构合作，参与片区联研，加强与区域研修的链接，形成区校协同的校本研修良好生态。

我们对本章关键问题的回应

1. 学校整体校本研修应充分考虑学校办学目标与发展定位，调研教师发展需求，在国家和地方文件指导下，从学校发展基础与形势要求、校本研修指导思想、基本原则、工作目标、重点任务或项目、组织与保障及考核评价七个方面进行整体规划。

2.校本研修制度具有规范、管理、引导和激发的功能，可从组织制度、实施管理制度和评价制度三个方面进行建构。同时应注意，校本研修制度不仅是指制度文本本身，而且包含因研修活动持续开展而形成的要求和规范；制度建设是动态的过程，随着校本研修实施的实际进展，应得到同步建设与更新。

3.校本研修团队建设从两个层面入手：学校层面上，应当创新研修方式，构建研修文化，形成学校研修生态；教研组层面上，应当制定发展规划，丰富研修策略，促进教研组建设。

你的思考

印象	1.本章让你印象深刻的内容有哪些？
感受	2.这些内容让你联想到了什么？
发现	3.这些内容对你现在的工作有哪些启发？
行动	4.今后你在工作中将如何应用？

第三章

细节定成败：
设计实施这样做

本章关键问题

1. 如何诊断并找到校本研修要解决的"问题"
   或"痛点"？

2. 怎样实现研修问题主题化和系列研修课程化？

3. 如何组织实施校本研修？

4. 如何开展校本研修的评价？

　　在教学过程中，当我遇到这样那样问题的时候，同事就成为我有力的后盾。在学校及教研组的研修活动中，我与同事共同学习、合作研究、交流研讨，研发了一系列有效的学习工具，促进了学生学习，极大地提升了教学质量。学校及教研组的研修活动也使我不断收获专业成长。可以说，校本研修引领我走上语文教学专业发展之路。

——田晓萌，北京市十一学校一分校语文教师

　　田老师无疑是校本研修的受益者。大量事实表明，有效地设计与组织实施学校及教研组两个层面的校本研修，是促进教师专业成长直接的路径。同时，在上一章我们谈了如何制定校本研修规划，而规划的落实，也需要学校和教研组依据规划有效设计与实施校本研修项目。一般来说，项目的执行需要研制校本研修方案。而一份完整的校本研修方案至少包括研修需求分析、课程设计、研修实施和研修评价四个重要的环节。四个环节之间的关系，可通过构建有效教师校本研修模型（见图3-1）来说明。这一模型包括从内向外的三层结构：起点是研修需求，内层是课程设计，中层是研修实施，外层是研修评价，每一层都具有三个核心要素。[①]

---

① 王秀英. 有效教师培训的要素与模型建构[J]. 中小学教师培训，2015（4）：18-21.

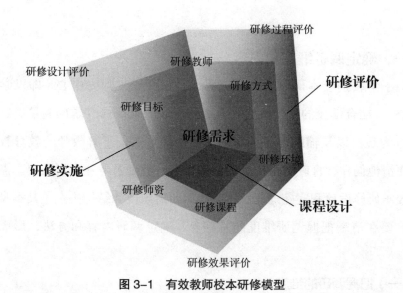

图 3-1 有效教师校本研修模型

在设计校本研修方案的基础上，采取针对性的策略，有效组织开展校本研修实践，才能真正促进教师的专业发展。要说明的是，校本研修方案设计与实施的主体是校本培训者，包括校级培训者（学校教师培训负责人）和学科培训者（教研组长）。

第一节　需求调研与分析

有效的校本研修，常常是基于"问题"与"痛点"的研修。北京市十一学校校长田俊曾说，他们的校本研修以行动研究为主，从问题出发，紧密结合自己的本职工作，以解决工作中的矛盾、困惑为导向。通过开展校本研修，教师逐渐形成对矛盾问题进行研究的积极心态，寻找解决办法，造就研究文化，促进自己和学生的成长。那么，如何找到并确认"问题"与"痛点"呢？这要从研修的需求调研与分析开始。

一、确定调研维度和内容

中小学教师校本研修的需求调研，是以学校教师为中心（即以学习者为中心），结合学校的办学理念、育人目标，通过研修需求问卷填答、教育教学行为观察以及辅助性、针对性的访谈等方法，了解教师的教育教学经验，厘清他们在教育教学活动中面临的困惑、问题及专业发展需要。需求调研是校本研修设计和实施的起点，其中调研的维度和结构决定了其本身的系统性，要在清晰把握调研维度的基础上，确定调研内容和方法，形成调研工具。

（一）把握调研的维度

一般来说，需求调研要关注四个维度：社会需求、组织需求、岗位需求和教师需求。[1] 在校本研修中，各维度及其内容如表 3-1 所示。

表 3-1　需求调研的维度与内容

调研维度	内容
社会需求	社会变革和发展的需要，国家以及地方的相关政策要求等
组织需求	学校的需求和期待，教研组的需要等
岗位需求	学生特点、学生成长对教师的需求，学段、学科等教育教学和研究工作的需要
教师需求	教师个人及不同群体的困惑和发展需求，成人学习特点和规律，教师专业发展的不同阶段及规律等

（二）确定调研内容框架

了解调研维度之后，就要考虑调研的内容框架了。我们可以采用文献研究、专家调研、教师调研这三个步骤初步确定内容框架。

[1] 余新. 影响教师培训有效性的五个基本环节 [J]. 北京教育学院学报，2009，23（6）：67-71.

第一步，开展文献研究，确定调研大体结构框架。对要调研的研修项目或研修群体进行界定，揭示其内涵；做相关研究领域的文献综述，根据政策要求、学术前沿等，明确研修主题的方向；依据相关理论确定核心内容，建立调研大体结构框架。在这里，要重点关注研修教师群体素质特征等方面的文献，关注国家以及各级教育行政部门颁发的相关政策文件，如教育部颁发的中小学教师专业标准，各学科教师培训课程指导标准，义务教育和普通高中的各学科课程标准等。

第二步，进行专家调研，确认调研内容框架。邀请相关研究领域专家以及一线的实践专家，对调研内容结构框架进行研讨和论证，从而确定符合研修主题方向的调研内容指标体系。

第三步，重点考虑参训教师的实际情况，结合项目实际综合判断，进行指标的重要性排序，遴选出必要、重点、紧迫的内容，最终确定针对参训教师的调研内容指标体系。

一般情况下，调研内容的指标体系包含三级，一级指标即维度指标，确定要从哪些方面或哪些角度进行调研；二级指标即结构指标，是由一级指标拆解而成；三级指标也就是操作指标，是具体、细化的调研内容。例如，下面是新任教师学科教学基本功主题研修的调研内容框架。（见表3-2）

表 3-2　新任教师学科教学基本功主题研修调研内容框架（部分）

一级指标	二级指标（列举）	三级指标（列举）
专业基础——学科与教育教学专业知识	关于学生的知识	1. 了解学生发展理论，关注学生认知发展规律 2. 了解学习心理，关注学习过程 3. 了解影响学习的非智力因素，关注学习积极性
	关于课程的知识	1. 理解课程理念，熟悉课程标准 2. 熟悉教材的内容、结构及编写思路，有整体把握教学内容的意识

续表

一级指标	二级指标（列举）	三级指标（列举）
专业基础——学科与教育教学专业知识	关于教学知识及学科教学的知识	了解学科的教学理念、教学理论、教学原则和教学策略与方法
专业实践——促进学生的学习与发展	创设良好的学习环境	建立良好的师生关系，营造融洽的学习氛围
	设计合理的教学方案	1. 进行教学内容分析，明确其教学价值，确定教学重点，关注与其相关的其他知识 2. 围绕内容进行有效的学情分析，确定学习难点，从学生已有的认知水平出发确定教学起点 3. 合理确定和准确表述学习目标 4. 紧扣目标，设计符合学生认知规律的教学流程，教学环节清晰、有效 5. 了解不同类型知识（事实性知识、概念性知识、原理性知识和技能性知识）的特点和学习策略，采用恰当的教学策略 6. 依据教学目标设计合理的评价内容和评价方式
	实施有效的教学活动	1. 具有基本的课堂控制能力，保证大部分时间用于教学重点环节，完成预定的教学任务，并处理好预设与生成的关系 2. 注意观察学生的学习状态，倾听学生的发言，给学生表达困惑和想法的机会，对学生的表现即时反馈
	培养良好的学习习惯与指导学生学会学习	1. 认识到学习方法在学习中的重要性，注意培养学生良好的学习习惯 2. 了解自主、合作、探究等有效的学习方式，并能在教学过程中加以运用
	开展多元的学习评价	1. 具有引导学生参与评价的意识 2. 关注学生的学习效果
	促进有效的课堂管理	1. 维持正常的课堂教学秩序，完成教学任务 2. 合理调控课堂的时间和节奏
专业发展——教育教学研究与专业成长	教育教学反思与行动研究	1. 培养教学反思的习惯，及时总结教学经验 2. 具有问题意识，经常梳理教学中的问题，并尝试进行解决
	团结协作与经验分享	1. 具有团队合作意识 2. 积极参加教学研究活动，虚心求教

续表

一级指标	二级指标（列举）	三级指标（列举）
专业发展——教育教学研究与专业成长	终身学习与持续发展	能够制定符合自身专业发展的职业生涯规划，树立正确的职业理想

二、筛选调研的方法与工具

确定具体调研内容后，就要选择适合调研的方法，确定调研工具。

（一）选择调研方法

校本研修有以下几种常用的调研方法（见表3-3），可以以其中一种为主，其他方法辅助的方式进行调研，也可以采用目标成员座谈会或头脑风暴的方法展开调研。

表3-3 需求调研的常用方法

方法	内涵和特点
问卷调查法	量化调研的主要方法之一，以编制的问卷为工具，进行信息的收集和分析，撰写调研报告，得出调研的结论。适用于所有的校本研修项目或研修群体调研
访谈法	质性研究的重要方法，通过提问、倾听和回应等几个方面来展开对象的调研，以发现教师的困惑与问题。一般作为问卷调查法的补充，也可单独进行
观察法	以评价量表为工具，对岗位行为进行观察，主要通过课堂观察教师教学方法、行为以及学生的学习状态，来发现教学特色或诊断教师教学的改进点
文本分析法	一般是指对教师作品的分析，如从教案、教学反思、教学论文、教学案例等作品中，提取相关信息，诊断优点与存在问题

（二）确定具体调研工具

选定调研方法后，就需要在调研内容的基础上研制与调研方法相适应的调研工具。简单来说，就是在确定调研内容三个步骤的基础上，把调研内容指标体系中的三级指标，结合遴选的主要方法，转化成相应的调研问题或任务，如问卷、访谈提纲、诊断／评价量表等。此外，还可以借鉴一些已经成熟的工具，经改造优化后为我所用。例如，焦点讨论法，可以用作现场探察，也可以用作调查反馈。

三、进行调研分析

上面介绍了如何确定需求调研内容、选择调研方法、研制调研工具，为实施调研、进行需求分析奠定了基础。中小学主要在两种情况下实施校本研修调研：一是学校层面的研修，全体教职员工都参与，其中专任教师占大多数；二是部分人参与的分层分岗研修，对应到学科专任教师就是教研组研修。下面用两个学校的案例呈现一线学校开展的需求调研和分析。受篇幅所限，这里仅展示片段。

（一）全员研修调研分析案例

全员调研，即面向全体干部教师的调研，一般用于学校校本研修规划与计划的制定，往往也用于中小学全员研修中通识课程研修的调研。下面是中国农业大学附属中学的校本研修全员调研的问卷。

中国农业大学附属中学校本研修需求调查问卷

为了更有针对性地做好教师的校本研修工作，特设计本问卷，感谢您参与并请您将自己的真实想法写下来。

（一）关于校本研修方式（可多选）

您最喜欢的研修方式是（　　　　）

A. 专家讲座　　　B. 主题培训　　　C. 外出学习　　　D. 教研组内研修

E.教师主导的教师论坛　　F.读书交流会　　G.观摩课例

其他＿＿＿＿＿＿＿＿＿＿＿＿＿＿＿＿＿

（二）关于校本研修内容（可多选）

您认为哪些研修内容可以满足您的职业发展需要（　　　）

A.现代教育理念的更新　　B.课堂教学能力与技巧的提升

C.学科素养与学科思想的提升　　D.人文素养的提升

E.职业规划与发展的能力　　F.人际交往与沟通能力

G.教师心理健康问题　　其他＿＿＿＿＿＿＿＿＿＿＿＿＿

（三）关于校本研修评价方式（可多选）

您认为如何评价教师参加校本研修的效果（　　　）

A.填写调查问卷　　B.写学习心得　　C.完成课堂教学设计

D.上一节研究课　　E.撰写学期教学总结性论文或教育教学案例

F.考试　　其他＿＿＿＿＿＿＿＿＿＿＿＿＿

（四）请您推荐三位校外校本研修专家及其擅长的专题；同时推荐本校可以做校本研修师资的教师及其擅长的专题

＿＿＿＿＿＿＿＿＿＿＿＿＿＿＿＿＿＿＿＿＿＿＿＿＿＿

（五）关于校本研修，您还有什么建议？请写下您宝贵的意见

＿＿＿＿＿＿＿＿＿＿＿＿＿＿＿＿＿＿＿＿＿＿＿＿＿＿

中国农业大学附属中学的调研问卷以选择题为主、简答题为辅。从中我们可以看到，校本研修全员调研的内容可根据组织需求的大方向，即学校教师队伍建设的整体布局，确定要开展研修的整体思路，并把校本研修的要素拆解，形成调研内容框架；共性的内容主要包括研修内容、研修方式、研修评价、研修资源（包括师资和课程、物料等）及研修成果等；此外还可以对本校教师关注的核心问题做具体的探寻。我们还可以看到，这份完整的问卷

包含标题、指导语、题目几个部分。

该校教师培训负责人对回收的 107 份调查问卷进行分析，结果如下：

在"您最喜欢的研修方式是什么？"的调查中，有超过 50% 的老师选择"专家讲座、观摩课例和外出学习"；在"您认为哪些研修内容可以满足您的职业发展需要？"的调查中，有超过 50% 的老师选择"现代教育理念的更新、课堂教学能力与技巧的提升、学科素养与学科思想的提升"，还有近一半的老师选择"人文素养的提升"（46 人）和"教师心理健康问题"（43 人）；在"您认为如何评价教师参加校本研修的效果？"的调查中，大家选择最多的是"填写调查问卷和撰写学期教学总结性论文或教育教学案例"；在"专家推荐与教师推荐"的调查中，推选出了 21 位校外专家、25 位校内教师；最后，在"关于校本研修，您还有什么建议？请写下您宝贵的意见"一项中，有 23 位老师写下了他们的意见，大家建议校本研修应注意：1. 有针对性、多层次、分学科开展研修，定期确定主题，有明确的目标和指向，方式再丰富一些，邀请一些专家、特级教师，做教学专题讲座；2. 选择较好的作品供教师阅读；3. 多介绍一些提高教师处理突发事件能力的应对方法和心理调适，帮助教师提振精神状态，为教师进行心理疏导减压；4. 理论联系实际，有理论学习，有实践观摩，能实际应用于课堂教学；5. 外出学习、听课；6. 多提供交流资料（如试题资料、教学光盘），以方便教师自学。

以上的分析，既有定性分析也有定量分析，需要将信息归类，再考虑数据的呈现和描述方式。

（二）分层分类调研分析案例

分层分类调研，即针对学校内不同群体研修特征的调研，用于不同群体教师的针对性研修。分层分类调研对象按照教师岗位，可以分为学科教师、教研组长、年级组长、班主任和教辅人员等；按照教师专业发展阶段，至少包含三个层次，即新任教师、成长期教师和骨干教师。下面的案例是北京市上地实验学校的教研组长需求调研。

·····**案** **例**···

教研组长能力提升培训调查问卷

姓名_____　　　　组别_____

为了提高教研组长、备课组长开展工作的专业水平，我们将在三年内对组长进行不定期的培训活动。为了使培训更具有针对性，希望各位组长认真回答以下问题：

1. 作为组长，在开展组内活动中，目前你面临的最大问题是什么？（请描述清楚）你希望学校从哪些方面来给你提供帮助？

_____

2. 作为"学科的领导者"，目前你最欠缺哪方面的能力？比如评课能力，试卷的设计、分析与把关的能力，整体把握本学科教学的能力……，你想如何提高？你希望学校给予怎样的帮助？

_____

3. 作为"教研的引领者"，目前你最欠缺哪些方面的能力？比如确定教研主题的能力、制订可操作的教研计划的能力、教研示范与指导的能力……，你希望学校安排什么样的培训来提高你的这方面的能力？

_____

4. 组长作为"教研组文化的培育者"，你认为最需要哪种能力？如团队建设能力、人际沟通的能力、创新能力、学习能力……？你认为学校可以从哪些方面帮助大家？

_____

5. 在从事组长的工作过程中，你认为组长最应该具备的能力是什么？

_____

6. 如果本学期只安排 1 次组长培训，你最希望安排什么内容？最希望采用什么样的形式？

_____

7. 其他（你特别想表达的一些有关组长工作方面的事情）

_____

以上问卷以简答题为主，主要通过调研了解组长在能力提升方面的需求，并同步了解教研组长希望的研修内容和研修方式。该校对回收的 25 份问卷，进行了汇总聚类分析，形成了《北京市上地实验学校加强教研组长能力培训调查报告》。下面是我们节选的报告的部分内容。

（1）组长作为"学科的领导者"所欠缺的能力

组长作为"学科的领导者"主要欠缺两个方面能力。一是评课能力不足，主要是评课维度欠缺和对要点的把握及理论依据不足。组长只能凭借直观感受和教学经验去评课，缺少理论支撑，需要将评课能力提升到一定高度。二是科研能力不足，例如撰写论文的水平有待提高等。造成这一能力欠缺的因素有多方面。其中，劳技课没有具体的课程标准，使教学无据可依。其他科目的部分教学跟不上时代发展，很多资源无法有效利用。此外，整体把握学科教学的能力和试题设计、分析与把关能力也是组长们所关注的。

（2）组长作为"教研的引领者"所欠缺的能力

组长作为"教研的引领者"所欠缺的能力主要体现在四个方面，分别是教研示范与指导能力、确定教研主题的能力、教研课题的研究能力和制定可操作的教研活动的能力。这四个方面和教研组工作的开展息息相关，也反映出各学科教研组长和备课组长对教研活动的重视，以及对提升个人能力的迫切需求。

（3）组长作为"教研组文化的培育者"所欠缺的能力

50%的组长将团队建设能力放在首位。由此可见，团队的凝聚力是开展工作的重要前提。有近一半的组长认为创新能力是自己较为欠缺的，认为无论是在教学中还是在学校活动里，创新精神都可以推动团队取得长足的进步。此外，组长认为人际沟通能力对教研组文化的培育也会产生影响，认为良好的沟通能力可以营造和谐的工作氛围。

（4）组长最应具备的能力

组长最应具备的能力集中在两个方面。第一，团队协作的领导、协调、组织能力。这一点关系到组长能否合理统筹全局，领导团队共同进步。第二，学科教学能力和引领、把控方向的能力。这一点涉及几个层面，例如对教育前沿动态的理解和掌握，深厚的学科素养和扎实的基本功，帮助组内成员研磨课等。

以上我们探讨了校本研修需求调研与结果的分析。值得一提的是，对于校本培训者来说，要清楚的是：找到研修需求点，不仅仅是为了满足需求，还要激发需求和引领需求。使校本研修既要有满足现实需求的问题解决，也要有着眼引领未来需求的素养积累，还要能搭建成长阶梯，为教师持续赋能。

第二节 主题确定与课程设计

科学有效的需求调研与结果分析，可以帮助我们快速明确教师在学校教育教学情境中面临的实际问题。在此基础上，校本培训者要针对具体问题进行聚焦和解构，并将之转化为相应的研修主题，进而设计研修课程。所以，研修主题要回应需求，并对需求进行定位，同时要直接统领研修课程的设计。

一、确定研修主题

"主题"就是明确的、要解决的问题，是对研修将要解决的主要问题所涉及内容的聚焦，一般为一句话或一两个关键词。主题是研修的灵魂与核心，直接体现了研修的定位、视角和关注点。研修主题聚焦与否，直接影响课程的设计与有效实施。

（一）确定主题的方法

通过需求调研与分析，可能找到一个甚至多个不同方向的真问题，如何从中筛选并确定当下的研修主题呢？一般情况下，需要考虑以下几个方面。

1.重要性排序

对调研分析得到的多个实际问题做重要性排序。主题不是一般的问题，而是关键问题的统领，是当前学校或教研组面临的最重要、最迫切需要解决的难题或痛点。

2.分析挑战性

最重要、亟待解决的难题或痛点没有现成答案，需要团队作战，在实践中研究并攻破。

3. 判断可行性

通过以上两步确定的难点或痛点，还要符合学校或教研组发展的长远利益和当下发展需要，应属于学校职责范围内，并且通过团队努力可以解决。

4. 考虑生长性

问题的解决过程可以促进教师学习，为其提供合作交流的机会。问题的解决思路、方法和结果可以在学校内分享，供大家学习借鉴。

权衡以上几个方面，经综合考虑，筛选确认核心问题以后，聚焦其涉及的主要内容，提炼为一至两个关键词，并将其概括成研修主题。

（二）研修主题的类型

结合时代发展与国家政策对学校教育教学改革发展提出的新要求，目前学校校本研修的主题可大致分为以下几类。

1. 课堂改进主题：指向核心素养发展的教学改进

这一类研修主题的确定，是由近年来核心素养导向的课堂教学变革决定的。素养导向的教学实践通常是基于核心知识，创设真实的情境素材，构建挑战性的学习任务，在教师的支持和帮助下，促进学生核心素养发展。而这一过程就要求教师不断地改进课堂教学行为，从三维目标的教学转向素养导向的教学。这需要教师所在的学校和教研组持续地提供校本研修的专业支持。一般来说，在这一校本研修主题方向下还可以分解出若干具体的主题。例如，北京市海淀区开展的"深度学习教学改进"项目，就有许多学校成为实验校，有效设计实施了相应的校本研修课程。

2. 课程开发主题：服务义务教育优质均衡发展、普通高中多样化特色发展

这类研修主题的确定，是由当前国家对基础教育学校和教师提出的新要求所决定的。国家课程的校本化实施，服务义务教育的优质均衡发展、高中教育多样化特色发展，都要求教师具有课程开发的能力。相应地，开展旨在提升教师课程开发能力的校本研修必将成为中小学校面临的重要任务之一。

3. 教师发展主题：围绕教师发展五要素展开专业研修

这一类研修主题的确定，是由教师需求的大方向决定的，可以从促进教师发展的课程、学科、学生、教学及评价五个维度展开：在课程方面，立足于本学科，实现跨学科、跨领域的拓展；在学科方面，拓展视野，从学科知识到学科能力、学科素养，再到真实问题解决；在学生方面，从关注学生到读懂学生，有方法、有策略、能操作；在教学方面，实现对观念的深度理解、达成教学行为的有效支撑与迁移，把握教与学特点，促进学生有效学习；在评价方面，从指向知识的评价到指向素养的评价。

总之，这几大类校本研修主题，都是校本培训者持续关注国家教育改革发展的相关政策趋势、学校教育教学中的共性问题、学科教育教学中的关键问题、本校教师发展的现状与需求，同时把握好上级的重点工作、学校发展的需要和学科建设的需要等，分析得出的适宜学校某一阶段开展的研修主题。

对于校本研修而言，主题研修的过程是教师教育教学问题解决的过程，也是教师持续跟进、研修螺旋深入进行的过程。因此，研修主题呈现出系列化的特征。一方面，在解决已有问题的过程中，会生成新的问题，新问题又会形成、转化为新的研修主题，这就构成了线性的、不断深入推进的主题系列。另一方面，有的研修主题可以进行解构，形成平行的、辐射状的主题系列。此外，现在的学科教学非常关注跨学科合作，有的主题可以在不同的学科实践，并产出不同的研修成果，这就形成了统整合作式的主题系列。

二、设计研修课程

研修课程，是指在一定研修主题的统领下，具有明确的研修目标、指向目标的研修活动、匹配活动的研修方式，以及检测研修目标达成度的评估的全部内容和进程的总和。在现实的校本研修中，我们看到更多的是研修活动而不是研修课程。因此，我们倡导研修课程的设计，是要摒弃为活动而活动的校本研修现象。研修课程包含三个方面，即研修什么、怎么研修，以及研修要达到什么结果。本节中，研修课程设计这一环节涉及三个核心要素：研修目标、研修课程和研修方式。（见图3-2）研修评价在第四节有专门论述，本节不做介绍。

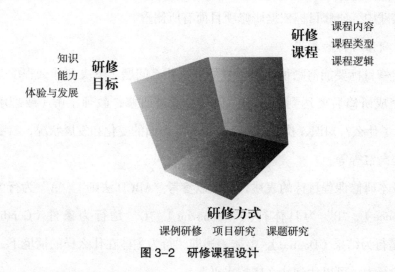

图 3-2　研修课程设计

（一）定位研修目标

研修目标是指在研修项目结束后希望教师能够达到的标准和程度。研修目标为研修效果的可视化提供了参照。

研修目标的制定应遵循 SMART 原则。目标设置要有衡量标准、达成措施、完成期限以及资源要求；目标的衡量标准遵循"能够量化的量化，不能量化的质性表达"；目标所指向的研修内容既要饱满，但更要保证具有可达成性，不能可望而不可即；目标是实实在在的，可以证明和观察的，要与本职工作、岗位职责相关；目标要具有时限性，具有明确的截止时间，即与研修项目的完成时间相吻合。那么，如何定位研修目标呢？

1.研修目标的维度

研修目标可以划分为三个维度，一是知识目标，即围绕主题获取知识，包括理念性知识、概念性知识以及与岗位相关的信息等；二是能力目标，诸如提高与研修主题相关的技能，培养问题解决的能力等；三是体验与发展目标，如教师在交流互动中积极投入，参与、体验研修全过程，加深对研修主题和研修内容的理解，在理解的基础上内化并产生新知，同时获得情感体验等。实践中，研修目标依据研修项目而有所侧重。

2. 研修目标的表述

研修目标要能清晰说明研修具体解决什么问题、解决到什么程度，以及期望完成研修后要达到的效果。例如，通过研修，教师了解（或理解、应用）[①]了什么？知识、技能、态度、行为等方面的变化和发展状况，有哪些改变、提高？等等。

校本研修课程目标的表述，也可以参考"ABCD 法则"。"A"为行为主体（Audience），"B"为具体行为（Behavior），"C"是行为条件（Condition），"D"是行为结果（Degree）。整体表述即"行为主体在什么样的情境下，做什么样的行为，可以达到什么样的水平"。

例如，研修目标可以从"问题解决"与"教师发展"两个方面分析：需要解决哪些具体的问题？减少和消除哪些具体现象？如何体现解决的程度？组内的教师在认识与实践操作层面取得哪些变化与进步？（见表 3-4）

表 3-4　某校语文教研组研修目标描述的修改

修改前	修改后
通过研修，使老师们进一步理解作文批改的意义和价值，提高作文批改的实效和能力。	教师通过集中学习与案例剖析，明确批改作文的意义和价值，探索梳理出作文批改的有效方法（视角、表述等），澄清"以批语的文字量取胜"等模糊认识，对批改的基本要素达成共识，提高作文批改的实效。

（二）设计研修课程

研修课程构成教师学习的"跑道"。周密计划的研修活动和研修任务，

---

① 这里的了解、理解和应用是三个不同水平层次的要求，表述时要对应具体的层次使用行为动词。

为教师的学习提供专业发展的支持、动力和指导。

1. 设计课程的原则

一般而言，围绕主题进行研修课程设计时，需要遵循如下几个原则。

一致性原则：课程设计内在自洽。研修活动的设计要与研修需求、研修主题、研修目标、研修评价等保持一致，形成研修的合力。此外，研修需求与研修目标之间、研修目标与研修内容之间、研修内容与研修形式之间、研修目标与研修评价之间的内在关系，都要一致，不能相互矛盾。

递进性原则：课程设计逐级递进。采用逐级递进的设计思路，活动层次要清晰，依据主题分模块或单元呈现；纵向课程（单元或模块）之间逻辑连贯、逐层推进；每次活动（专题活动）内部逻辑清晰、重点突出。

均衡性原则：课程设计全面均衡。强调实用性，要使教师的教育理念转化为教育行为，就必须提供策略支持，因此研修活动的构成要注重均衡，上位的理论理念、中位的策略方法、下位的行为技巧等方面要保持均衡，不能缺失；同时理论课程与实践课程要协调均衡，且更加注重实践课程。

多样性原则：课程设计形式多样。在课程形式上，我们强调教师的参与和互动生成，以各种形式调动教师的全程参与，促进策略方法的实践应用与行为转化。因此，在活动内容上既有理论讲解，也强调实践操作。注重结合案例讲理论，基于理念看案例。

2. 选择内容与形式

研修课程的设计，可以围绕研修主题进行分单元或模块的设计，在每个单元或模块下，包括一个或多个专题，每个专题包括专题内容、研修形式、专题目标以及预期成果等基本内容。（见表3-5）校本培训者设计研修课程时，可以在此表的基础上根据实际需要增删条目，形成不同的变式。需要说明的是，学校层面的研修相对层级多一些，可包含单元和模块的活动层次；教研组层面的层级少一些，可直接进入专题活动的设计。

表 3-5　研修课程安排

模块 / 单元	专题内容	研修形式	专题目标	负责人	时间	预期成果

需要注意的是，上表中的专题目标与研修项目的目标之间，不是简单的加和关系，而是分目标与总目标之间的分总关系。其他各项亦如此。

（1）课程内容的选择

以课程模块或单元的形式呈现的课程内容主要来自对研修主题或其核心概念的解构。内容的编排要建构在学员已有经验的基础上，为学员提供发展专业能力的可行路径；内容的组织要有助于教师深入思考那些在教育教学实践中困扰他们的问题，开启问题解决的思维；还要考虑每一项活动教师要完成的研修任务，使研修任务有效转化成研修成果。特别需要注意的是内容之间的关联，使对应的研修活动统筹整合，形成序列并分步展开。从下面的案例中，我们可以体会该主题研修中"预热铺垫—大组研讨—竞赛演练—网络论坛—总结反思"等系列活动之间的逻辑关系。下面是某校语文组的主题研修设计案例（见表 3-6）。

表 3-6　某校语文组"语文试卷讲评课的有效性研究"主题研修

	内容与形式	时间	预期成果
系列活动跟进措施	一、预热铺垫 结合期中考试阅卷与质量分析工作，通过学校网络平台布置以下任务： 1. 思考如下问题，每人做好 10 分钟的发言准备。 （1）试卷分析与讲评的有效性该如何体现？ （2）应该怎样上试卷的分析讲评课？ （3）根据你的经验，现在的试卷分析讲评存在哪些问题？具体表现是什么？ 2. 研读文献：《试析提高语文试卷讲评课的实效性》《走出误区，因课制课——谈语文试卷讲评课》。 3. 各备课组准备、展示一节研究课，组内研讨。	5 月 7 日至 5 月 18 日	1. 学习材料 2. 研究课教案 3. 备课组活动小结

续表

	内容与形式	时间	预期成果
系列活动跟进措施	二、大组研讨 1.各备课组介绍自己的经验和做法。 2.选取两节研究课，围绕主题展开头脑风暴式研讨。 3.邀请教研员参与，对教师的经验进行点评，提供相关信息与指导，聚焦并突破教学难点。 4.梳理各组经验，初步形成试卷讲评课的操作要点。 三、竞赛演练 按照操作要点，举行一次试卷讲评课设计与说课竞赛，由教研员担任评委并讲评。 四、网络论坛 围绕思考题展开"如何上好试卷讲评课"专题论坛。	5月21日 至6月8日	1.操作要点、备课组经验、教研员发言等书面材料 2.活动录像或录音材料 3.论坛资料
	五、总结反思 1.组织骨干教师进一步整理资料，形成典型课例、试卷讲评课教学指导意见。 2.展开研修活动的效果分析与反思。 3.分类汇总资料并整理归档。	6月9日至 6月15日	1.典型课例 2.试卷讲评课教学指导意见 3.活动分析反思案例

上面的案例体现了研修活动系列化的特点，具有逻辑性，避免了研修活动散点堆砌现象。一般来说，在研修主题的统领下，对于拆解出来的相应研修内容，可以考虑按照下面几个逻辑关系去设计。

①学习认知逻辑，即遵循成人学习规律、教师专业成长规律等进行研修活动的设计。例如，依据成人学习理论中的诺尔斯自我导向学习理论[①]，遵循"理论学习（输入）—案例研讨（调动已有经验、内化）—实践应用（输出、改进）—总结反思（提炼经验）"的设计逻辑。

②教学工作逻辑，其包含两个方面：一方面是工作逻辑，即"制定计划—组织实施—梳理总结"的顺序；另一方面是学科教学逻辑，即"教学分析（课标、教材、学情等分析）—教学设计（备课、说课、磨课）—教学实

---

① 殷玉新. 诺尔斯自我导向学习模型的解读认知与实践印证［J］. 成人教育，2014，34（1）：4-8，18.

施（上课、听课）—教学评价（说课、评课）—教学反思"的顺序。这两个方面都可以成为活动系列设计的逻辑。

③问题解决逻辑，即 P-T-C-P 模式——"问题（Problem）聚焦—理论（Theory）学习—案例（Case）分析—实践（Practice）应用"。

④教育研究逻辑，即"现状调研—原因分析—付诸实践—归纳举措—形成成果"的逻辑。

⑤质疑思考逻辑，即 3W 模式结构：WHAT-WHY-HOW，"是什么—为什么—怎么样"。

总之，围绕研修主题，侧重选择一两种逻辑工具，建构研修活动之间的逻辑关联，通过横向并列、纵向递进的活动架构，实现研修课程的系统性、系列化设计。

（2）研修方式的确定

一般而言，在进行研修方式的选择时，应注意几个原则：主体性原则，要能使教师经历体验的过程，要发挥教师的主观能动性，促进教师在研修过程中的自我建构；互动性原则，为教师提供对话的机会，调动教师的多感官投入，注重输入和输出；适用性原则，匹配研修内容、研修主体、研修环境等；开放性原则，留给教师相对多的空间去思考、去拓展，以达到对研修内容更深入的阐释和理解。

在选择具体研修形式时，要基于不同的研修阶段、不同的研修内容选择适宜的研修形式。一方面，依据不同的研修阶段选择不同的研修形式，有助于研修活动的推进。例如，依据库伯经验学习理论，经验学习过程是由具体经验、反思性观察、抽象概念化和主动实践四阶段环形结构构成的。具体经验阶段是让学习者完全投入一种新的体验；反思性观察阶段是学习者停下来对已经历的体验加以思考；抽象概念化阶段是学习者能够理解所观察的内容，并且把它们吸收，使之成为合乎逻辑的概念；到了主动实践阶段，学习者要验证这些概念并将它们运用到制定策略、解决问题之中。[①] 对应这四阶段，我们可以选择包括案例分析、体验观摩、模拟练习、实践应用等研修形式。另一方面，不同的研修内容对应不同的研修形式，关键是能够有效促进参训教师对内容的理解、转化和应用，促使"他的培训"内化成"我的研修"，进一步深化成"我的研究"，最终外化成"我的行动"。

在常规的校本研修中，基本的主题项目研修方式有课例研修、项目研究和课题研究（教师群体科研的方式）三种。除此之外，还有师带徒、名师工作室、工作坊研修等研修方式。其中，课例研修是以帮助教师学会做课例研究为主要内容的，以提高教师学科专业水平为目的的研修过程。[②] 它采用"做中学"的方式，以课例为载体，运用课堂观察技术，围绕如何上好一节课展开，将研究融入教学过程，贯穿在备课、说课（磨课）、上课（同课异构）、观课、评课等教学环节之中，注重课后反思、行为跟进。课例研修是对课堂教学中出现的问题或希望解决的关键事件的教学过程的研究，它能够帮助教师亲历一个规范地研究课堂教学改进的过程，是教师研究改进课堂教学的很好的形式。课例研修指向教师的深度学习，是教师专业发展的有效途径。项目研究是以行动研究的科研方式，对工作开展研究的团队研修过程，以期在此过程中，解决工作中的重点、难点和痛点问题。项目研究能够真正把研究与工作融合在一起，有效调动教师研究的积极性，培养教师研究的意识，提高教师研究的能力，进而提高教育教学成果的科学性以及学科教育教学质量。

至此，我们清楚了：需求调研与分析是主题确定和课程设计的前提和基础；在需求调研结果分析的基础上，聚焦亟待解决的问题而形成研修主题；

---

① 陈凯红. 库伯经验学习理论观照下成人教师的专业发展 [J]. 高等继续教育学报，2018，31（3）：51-56.

② 齐渝华，怎样做课例研修 [M]. 北京：高等教育出版社，2015：7.

在主题统领下，设计研修课程。一个好的研修课程，就是一幅教师研修的宏伟蓝图。而优质研修课程的系列化，描绘了教师专业发展的美好前景，借由校本培训者科学、扎实地组织实施，将会形成强大的力量，助推教师团队的专业成长与发展。

第三节　研修实施与调整

研修实施是校本研修的关键阶段，是具体履行研修计划、落实研修课程，根据研修目标对研修过程中出现的偏差及时做出调整，从而保证研修活动顺利开展并最终实现研修目标的过程。

研修实施中，组织实施者（即校本培训者）及专家师资的研修理念、职业情意、专业水平和投入程度等，都会制约着研修课程的实施效果。同时，研修教师的个人状态、研修团队的整体表现，也会极大地影响研修的成效。

一、研修实施的核心要素

以往的校本研修更多关注师资，注重专家讲座。根据班杜拉的社会认知理论（也称"三元交互决定论"）[①] 的基本观点，在学习环境中，环境因素、个人对环境的认知和个人行为三个方面，彼此交互影响，最后才能确定所学到的行为。人受环境中其他人、事、物的影响，也影响环境中的人、事、物。这对实施校本研修的启示是：建立明确的学习目标，唤起教师的自主学习，促进教师自我调整；创建适宜的学习环境，给予教师有效帮助。因此，研修实施包括三个核心要素：研修师资、研修教师和研修环境。（见图3-3）

———————

① 杨新宇. 班杜拉三元交互决定论的教育意义 [J]. 新乡师范高等专科学校学报，2006（5）：92-94.

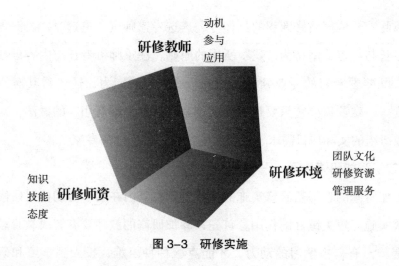

图 3-3 研修实施

（一）遴选研修师资——专业引领

从研修专题的角度来看，如某个专题的专家讲座，能否实现预期的专题研修目标，很大程度上取决于研修课程的实施者——师资。一方面，校本培训者需要考虑师资对课程的理解和贯彻是否与研修设计一致；另一方面，师资自身的知识、技能及其对研修的认识与投入程度，决定了专业引领的程度，影响着研修实施的效果。除此之外，研修师资的多元性、开放性也是实现预期目标的重要保障之一。

从研修项目的角度来看，研修实施的全过程都需要专家的持续跟进，理论理念方面要有专家的讲解，实践操作也要有实践专家做指导，涉及评价的内容还需要评价专家的支持。这既体现了研修流程中的专家持续跟进，又能凸显师资团队的多元化。

研修师资在校本研修中发挥着不可或缺的专业引领作用。参加研修的教师通过专家的理论讲解、案例分析、实践跟进以及前沿理论的拓展学习，能够对接实践经验，形成经验与理论的对话，提炼规律、生成智慧，从而更新教育教学理念，提升教育教学实践能力，获得专业发展。

因此，要依据研修课程的具体专题遴选专家师资。遴选时，要深入分析师资专长与特点，坚持为"我"所用的原则，注重师资专长与内容设计的一致性。既要看专家的专业领域、理论功底、实践能力，还要看其对待研修的态度。一定要摒弃"只要是大腕就请来、讲什么都有用"的做法，对接学校、教研组的实际项目需求、专题需求，选择最适合的专家。

（二）赋能研修教师——个人反思

参加研修的教师是研修实施的核心要素，其内在的学习动机对研修课程的有效实施起着关键性的作用。首先，参加研修的教师要有解决教育教学问题的渴望，有自主学习的动力，才能克服种种困难，投入到学习和研修中去。其次，研修教师要在研修过程中，能够积极调动多种感官主动地参与进去，真正去经历、去体验。最后，研修教师在经历、体验之后，还要能够自觉地将所学应用到实践之中。

因此，不论是校本培训者还是其遴选的专题研修的专家，都要注意引导和激发研修教师的学习动力，并促使研修教师形成反思的习惯，成为反思型的实践者；帮助研修教师在研修实践中，能够"跳出自己看自己"，进行自我对话，能够对教育教学展开实践反思和行为改进。

研修教师可以从教与学两个层面对教育教学实践做相对宏观的反思，如"教了什么？怎么教的？"和"怎么学的？学得怎样？"，也可以具体沿着教学观念层面和教学操作层面两个问题链，反思教学的设计与实施，不断提升反思的意识与能力。

例如，教学观念层面的反思工具有：

①为什么反思？——反思的必要性。

②什么时候进行反思？——教学设计完成后在实施前的设计反思，实施过程中即时过往反思，以及教学实施后的实践反思。

③反思什么？——考虑教学目标是否有效，教学手段是否合理；思考教

学方法、教学组织形式、媒体使用和师生关系等方面是否符合教学目标和教学规律。

④怎样做就算反思了？——找出优点和不足，并找到了完善与改进的办法。

又如，教学操作层面的反思工具有：

①"做了什么？"——教学的环节和细节都是什么。

②"做得有效吗？"——教学行为与教学目标的一致性如何。

③"做得合理吗？"——是否符合教育教学相关标准和职业道德标准。

④"还能做些什么？"——总结经验并及时进行补偿操作。

另外，还有参加研修的教师对研修活动的反思。研修教师除了进行教育教学实践的反思，还要对研修进行必要的反思。

（三）创建研修环境——外在保障

在实施校本研修的过程中，特别强调环境因素的作用。校本培训者要重视研修团队的建设，营造浓厚的学习氛围，形成良好的团队文化，发挥优秀研修教师的榜样作用，使研修教师之间相互促进、共同发展；同时，还要提供丰富的学习资源（包括物质保障、场地设备、资料支持等）和切实有效的帮助，以及关注研修成员状况，提供人性化的管理与个性化的服务。

1. 团队文化——同伴互助

团队建设与团队文化的内容非常重要（详见第二章第三节的内容），这里仅以学校校本研修最常见的团队研修方式——课例研修为例，对如何促进同伴互助进行具体阐述。课例研修有一个重要的环节就是反馈，它是围绕说课评课，反思理想与现实之间存在差距的原因，寻找改进的策略；提出新的教学目标和设计，继续观察、分析和改进。这是同伴互助的最直接方式。团队通过备课、课前说课、上课、观课以及课后说课、评课的磨合，分工协作，发挥各自的特长，在和谐、安全、平等的氛围中，实现个人反思基础上的团队反思，不断改进教学，进而形成民主的研修文化。那么，怎样引发团队教师的深度反思，促进同伴互助呢？

（1）提供团队反思参照的视角

进行对比性反思和研究。例如，多版本教材比较，将众多的教材放到一起，分析各家之长，完善自己的教学设计；新旧教案比较，拿出过去的教案与现在的进行比较，分析其中的变化；新旧教材比较，就相同内容，拿出过去的教材与现在的进行比较，从教学要求、问题设计、内容呈现等方面进行比较与研究；新旧资料比较，新旧教学论文、教学常规、作业设计、试题、课堂教学录像等方面的比较。通过对比，感受其中的变化，提升自己的反思力。在对比反思的基础上，进行交流分享，强化团队反思，实现同伴互助，共同提高。

变换不同视角的反思。例如，放大式，要善于通过分享等多种成员互动的方式，找出各自不同经验中共性的东西，将"我的"变成"我们的"；换位式，进行"如果是我、我是当事人，我会怎样做？"的思考，既可以通过他人的视角，更好地了解自己，又促进每个人设身处地地反思，把"他的"迁移成"我的"；散点聚焦式，让不同的人从各自不同的角度，就共同的主题谈自己的看法，从"个人看法"到"大家看法"；迁移式，把其他人的案例作为反思自我的材料。这种不同视角的团队反思，成为促进同伴互助的有效策略。

（2）借助教育叙事外化缄默智慧

教育叙事是教师最适切的反思与研究方式。教育叙事就是讲"教育故事"，以"故事＋议论"的文体形式，把自己在教室里或其他场所里发生的教育教学问题的解决过程，即怎样遇到这个问题以及怎样解决这个问题的整个教学过程"叙述"出来。通过有关经验的故事、现场观察、随笔、日记、访谈等，来呈现教育教学实践与经验。教育叙事强调基于真实的课堂教学实践，关注教学实践中的"教学问题"和"教学冲突"，反思解决问题的合理有效方式等，以此推动团队个体与群体的反思。

（3）捕捉教学中的关键事件

教学中的关键事件[①]是在教学过程中发生的、能够引起教师关注与反思，并促使教师改变认知和行为的教学事件。它并不是指课堂上发生的事件本身是关键的，而是通过分析、判断、研究那些看似普通、一般、习以为常的案例，来改变教师的意识、观念和课堂行动，寻找带有规律性的普遍意义。

校本培训者可以帮助教师捕捉发生在自己身上的教学关键事件，捕捉矛盾冲突，使其在自我以及同伴的认知碰撞中提升反思力，并形成研修的团队文化。

2. 研修资源——资源配置

广义的研修资源内涵丰富，分类角度多样，既可以分为显性资源和隐性资源，也可以分为校内资源和校外资源，还可以从人力、物质等维度来划分。例如，研修课程的人力资源，就可以包括专家成员——在各环节提供专业引领、支持，研修教师团队——进行主题研修的学科教师（研修中最核心的人力资源），服务保障成员——负责设备媒体、技术支持的人员，项目负责人——教学干部、教研组长、备课组长等。

狭义的研修资源可以是研修项目提供的各种学习资料，包括各种论文、书籍等相关文献，以及教材、课件，音频、视频等。

由此可以看出，研修项目的资源不仅包括学校外部的专家资源，与研修主题相匹配的学习资料，还包括可供使用的技术设备、物料等，如以下案例所示（见表3-7）。校本培训者要全方位考虑，提供丰富的、能充分运用的资源，保障研修顺利、有深度、有效地进行。

---

① 邵珠辉，李如密. 教师专业发展视域下的教学关键事件 [J]. 教育科学研究，2010（10）：62-64.

表 3-7 某校生物学初中教研组"课例研修"主题的资源分析

资源种类	资源内容	利用的时间及方式
人力资源	教研员、组内骨干教师 初中生物学任教教师	1. 专题讲座 2 次，分别安排在第三和第四周，事前具体协商确立题目和互动形式 2. 研究课 3 节，分别安排第五至第七周，按照"三次实践两次反思"[①]的模式展开活动
学习资料	1.《义务教育生物学课程标准》（2022年版），中华人民共和国教育部制定 2.《怎样做课例研修》，齐渝华主编，高等教育出版社，2015 年 7 月 3.《课堂观察 20 答问》，崔允漷、沈毅等，当代教育科学，2007 年第 24 期	1. 相应部分课标的解读 2. 由组长精选资料的部分章节，于活动前期提供给教师，作为重点研读内容，提出具体思考题；其余内容，研修教师根据需要浏览 3. 配合查阅文献的学习，制定观察工具
技术设备、物料	多媒体电视、网络、录音笔、移动白板、纸、彩色水笔等	活动的重点部分全程录音、录像，纸、白板和水笔作为工作坊讨论时的辅助工具；利用网络组织交流，积累活动资料

3. 研修服务——支持保障

这里所说的研修服务，是从研修内部环境角度切入的，强调发挥研修环境对研修教师的影响作用，服务于教师的研修。在研修实施的过程中，校本培训者要通过各种方法，营造温馨的学习场域，如用鲜花、桌布来布置研修教室，张贴团队共同的约定（研修活动规则），适时播放或清新舒缓或欢快动感等匹配当下研修内容的音乐，为教师研修提供更多的支持与帮助。这些有助于教师调节研修的身心状态，提高研修的实效。

二、研修实施的基本操作

校本研修不同于院校、机构的教师培训，有"实践场域"的特点，类型

---

① 齐渝华 . 怎样做课例研修 [M]. 北京：高等教育出版社，2015：6.

更加灵活多样。例如，有全体教师参加的通识共性内容的全员式研修，也有以教研组、备课组为单位的学科教师研修，还有实践经验传承研习的一对一、一对多的师徒式研修或名师工作室研修等。在这里，我们重点介绍常规的主题研修项目，如全员研修、以组为单位的研修等共性的操作。

（一）预热启动，建立顺畅沟通机制——沟通力

1.做好前期准备

前期准备一般可以从研修课程的基本结构入手：启动时的热身与唤醒、必要的过程环节、促进对话与智慧生成的必要准备、需提前注意的其他事项等。还包括研修的文本资料，如方案、任务单、与内容有关的文献等资料，可以随微信通知或 OA 办公平台通知一起发给研修教师。

这种提前预热的做法，旨在明确研修课程的任务要求，激活研修教师已有经验，梳理自我认知；同时，可以提示研修教师事先主动学习一些相关文献，怀着某种期盼投入活动。前期预热的要求和内容应当是具体明确的，包含背景介绍、思考问题和研读学习材料等方面，帮助教师建立起一个整体思考的框架，带着思考来参加研修，具体见以下案例。

北京市海淀区羊坊店第五小学数学教研组"学生数学思维能力培养"的研修准备

各位组员：依据本学期"基于学生数学思维能力培养的教学改进"研修的活动方案，本组拟在接下来两星期内进行问题诊断活动，请大家做好如下准备。

1.进行"学生数学思维能力培养"的三篇文献学习：

（1）张丹，增强学生发现和提出问题能力的实践研究，小学教学（数学版），2016（1）。

（2）高占宽，核心素养视角下小学数学课堂情境创设问题与改进研究，新课程，2021（19）。

（3）杨利平，中小学数学情境与问题提出教学——开放的数学教学，数学学习与研究，2018（16）。

2.结合文献学习，思考梳理：自己通过创设情境培养学生发现问题和提出问题能力的主要方式方法。

两周后，在教研活动时间进行问题诊断活动。请各位做好研讨的准备。

2.建立流畅的沟通机制

以营造良好的研修氛围为起点，创设宽松、安全、信任的心理环境。采用情境设置、项目动员、方案解读、破冰活动、言语强调、现实反思等策略，使研修教师卷入其中；同时，以保持流畅的沟通机制为重点，细化研修问题与需求，进而加强与师资专家、研修教师、技术支持成员等各方的沟通，取得多方理解和支持、配合，并使研修教师形成积极参加、渴望学习的良好心态。

（二）驱动进程，构建过程激励机制——掌控力

在实施研修的过程中，校本培训者要充分利用角色优势，发挥方向把握、幕后策划、现场把控、示范分享、共同学习、开拓资源、发现激励等诸多方面的作用，掌握研修实施的方法，推动研修进程，确保研修的高质量实施。

1.激发内动力——充分调动教师研修的主动性和积极性

教师参加研修的动力问题，一直困扰着校本培训者。那么，如何从实施

层面，激发教师研修的动机呢？从研修角度来看，教师的价值追求决定着教师的学习动力，而真正激励教师有效学习并能使其从学习中获得快乐的，其核心应该是教师对自我实现的追求。

例如，在张铁道博士的《教师研修：国际视野下的本土实践》一书中，北京航空航天大学附属中学开展的"基于学生体验的教师行动研修"新课程教学改革研修实践，学生参与到教师的研修中，具体活动流程如表3-8所示。

表 3-8　活动程序 [①]

序号	内容	发言人
1	背景介绍	罗滨校长
2	准备工作	科研室主任王玉萍
3	学生代表报告学生对语文教学的评价、需求与教学改进建议	高一年级陈雪姣 高二年级刘静
4	语文备课组长交流语文老师认为的学生语文学习的困惑，反思语文教学	高一年级谭立 高二年级谢珊珊
5	教师与专家互动研讨，形成语文学科后续活动建议	与会专家与教师

我们看到，本次研修活动有这样一个环节：学生代表报告学生对语文教学的评价、需求与教学改进建议。参加本次活动的人员除了学生代表两人（学习委员与语文课代表）以外，还有全校语文老师、全体教研组长、学校领导及教学德育干部，也邀请了北京市语文学科带头人、教学专家到现场指导。活动最后，形成了回应学生需求的学科研修的基本模式与教学改进计划。

在活动现场，老师们深深地被学生学习方面的烦恼与困惑所触动。他们

---

① 张铁道. 教师研修：国际视野下的本土实践 [M]. 北京：教育科学出版社，2015：162.

特别震撼地得知：让学生最开心和最感动的事情竟与自己的教学无缘！老师们从学生反馈中还发现，凡是让学生感动的、难忘的，都是因为他们能够参与其中并从中获得情感体验。于是，在实践中培养自己的课堂驾驭和掌控能力，让学生能够体验到学习的快乐，就成为教师们发自内心的追求，这种追求也就成为教师改善教学行为内在的动力源泉之一。这个案例告诉我们，设计学生代表参与教师研修的小活动，调动教师原有经验，能有效激发教师的内动力。

2. 增加外驱力——通过任务与成果驱动深度研修真实发生

把研修活动具体化，转变成大小不同的研修任务，是驱动教师投入的有效手段。研修任务的确立，要考虑以下几个方面：适切性——任务的确立要紧密联系实际需要，找准教师的"最近发展区"，研修任务要有一定的挑战性；连续性——抓住问题线索，构建问题链，从多角度将学习或操作任务及时嵌入跟进，让教师的体验更加深刻；多感官投入——充分调动教师的视觉、听觉、触觉等多种感官，吸引注意力，让教师在"做中学""做中思"中实现教学智慧的创生。实践证明，研修中教师投入越多，贡献就越多，对研修活动的认同感就会越强，也就越能融入其中，投入就会越深入。

具体做法是：在每一次研修活动中设置合理的"任务"（见表3-9），并提供完成"任务"的路径，如现场思考和讨论的议题，搭建脚手架，驱动教师的学习。过程中的任务有助于研修成果的自然生成，驱动研修目标的达成，也提供了研修情况的反馈信息。每次研修活动生成的成果就能成为后续学习的资源。

表 3-9　某校语文组文本细读教研活动任务安排

序号	任务链	具体要求
1	找问题	查找文本解读中存在的具体问题（通过督导课的专家反馈，暴露出教师对文本钻研不深、习惯于凭感觉备课，导致教学效果欠佳）
2	读文献、听报告	查阅文献，学习掌握文本解读的策略方法；体验不同学者从不同角度对文本细读的阐述，弥补相关知识的不足
3	案例剖析	以备课组为单位，大家共读一篇文章，分别撰写解读文稿并分享交流；共同研讨，寻求文本细读的一般步骤和方法
4	竞赛演练	学科组集中对指定文本进行限时解读；个人独立解读分析文稿，运用内化有关知识
5	与专家互动	专家对解读结果进行点评；教师带着具体问题与专家展开对话，进一步修正、明晰和丰富文本细读的相关知识，明确今后行动方向
6	反思评估	教师撰写活动体会，交流经验；组长对活动效果进行反思，完成效果分析报告，挂网共享

在研修任务与成果的设计上要关注：

形式要多样。在类型上，可分为必要和可选，以满足不同成长需求的教师；在形式上，可以是研究论文、教学或活动设计、案例分析，也可以是工作或教学改进方案、研修反思、研修感悟，还可以是对自己在相关领域教育教学经验的理性总结、创新思考等。

要求要具体。对研修教师要完成的研修任务与成果，在研修启动时就明确告知，从体例、呈现形式、字数到完成时间、评价标准等方面提出明确要求，并由专人负责成果的收集与整理。

任务要适量。如果任务太多，给教师带来太大的压力，将会导致完成质量参差不齐。而任务过少，则会致使研修表面化，吸收转化不到位，研修效果会打折扣。

成果要交流。在产出研修成果后，一定要进行交流与分享，进一步促进研修教师将研修成果转化为自己的教育教学行为。

3. 增强体验度——提供参与交流分享的机会

教师研修只有在安全、平等、宽松的人际互动交流氛围下，才能取得良好的效果。要注意在实施过程中的留白，提供教师参与的机会和保障。因此，除了必要的内容讲授之外，要多让参与者交流分享各自的经验与感受，并借助案例分析、实践改进以及行动规划等环节，建构高质量的互动学习体验。

教师的学习具有成人学习特点。成人在参加各种学习与培训时常常表现出依赖性人格，被动地接受专家教师的知识传授。如果在学习研修期间安排一个过渡阶段，帮助他们正确看待学习者的职责，提供自主学习的技能和其他成人自主学习的成功事例，使之体验自主学习的成功，他们就会感到惊喜和自信，并积极努力地投入学习，取得连自己也惊讶的成就，这反过来又会强化其自主学习的观念。由此可见，专家教师以及校本培训者要打破成人依赖性，使研修活动精细化，少讲、精讲，尽可能用案例、问题、任务、活动等，驱动研修教师的参与和分享。

4. 强化互动力——指向碰撞生成与实践改进

强化互动的目的是促进教师的深度学习，同时也可以探查教师对学习内容的理解状况及掌握运用程度，便于校本培训者及时采取措施帮助研修教师进行辨析、澄清和巩固。使用贴合主题的研讨导语、引起对话的问题链等，促进讨论与生成，使教师轻松自然投入；通过现场点评、有结构地追问与记录、随时思考与随手记笔记、整理与再研究等，促进交流、互动、共享，引导教师深度参与。研修互动的工具有很多，可以根据需要去选择。

以教师听评课的研修活动为例，如果是诊断性的听评课，就可以依据崔允漷教授的课堂教学观察的 LICC 范式 [①]，即"学生学习、教师教学、课程

①崔允漷. 论课堂观察 LICC 范式：一种专业的听评课 [J]. 教育研究，2012，33（5）：79-83.

性质和课堂文化"四个维度进行评课。参与评课讨论可以用"五个一模式"，即发现一个亮点、指出一个缺点、追溯一个原因、再构一个环节、拓展一种思路，要求每位教师围绕这"五个一"发言，后边发言不得重复前面的发言内容。这样就能在一定程度上调动大家参与互动的积极性，避免只听不说、只说优点不说不足、一个优点反复说等现象，有效提高评课的针对性和评课质量。

引导教师深度参与的工具有很多，鱼骨图就是其中具有代表性的工具之一。利用鱼骨图（见图3-4）可以引导教师分析查找问题的原因，继而寻找解决问题的措施。

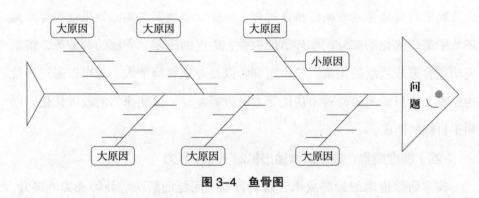

图 3-4　鱼骨图

5. 促进转化力——应用反思工具促进学以致用

研修中要促进教师实践应用，就要采取一系列促进教师进行转化的措施，促使其将培训内容转化为自己内在的知识、技能与价值体系。其中，反思日志就是促进教师将研修所得进行转化的有效形式。

反思日志是在研修过程中，要求研修教师每次活动后都必须要做的一种反思活动形式，即要求研修教师就研修活动中的核心内容进行深度思考并写出反思体会。汤丰林博士在《教师培训：学习的视角》一文中谈到，参训教师边学习、边实践、边反思、边写作的成果，既是研修过程的逐渐深化，也是研修成果的主动转化。这种反思写作具有自觉性、开放性、灵活性的特点，是对研修内容的深入理解与转化，能够更好地提升研修质量。①

（三）及时纠偏，明确过程监控机制——觉察力

任何研修项目在推进过程中，都需要及时发现并纠正研修实施中的偏差。在校本研修实施的各阶段，要保持项目的自我觉察，发现实施中的问题甚至漏洞，及时采取补救措施；每一次研修结束之后，可以进行团队复盘或个体反思基础上的团队反思，总结实施的优点、不足以及改进点；还可以通过项目的阶段评估来进行总结调整。

所谓研修复盘，是指项目团队在一次研修结束后，马上召开会议，团队成员跳出自身角色去看研修整体过程，对比预期效果与实际效果，找寻实施环节中需要优化的部分，如环节的取舍、失误的原因、方法的调整等，借鉴成功经验形成后续的决策。校本培训者以及专家教师个人，也可以通过客观的反思、有目的的研修对象访谈等方式进行复盘，促使研修的改进优化，以利于目标的达成。

（四）梳理成果，注重研修输出机制——发展力

校本研修追求的最终成果，是教育教学问题的解决、教师能力的提升，指向教师成长、学生发展和学校发展。因此，要做好过程性记录与交流，重视总结与跟进，形成研修的闭环。特别要关注研修成果的输出，在研修结束阶段进一步梳理、提炼研修成果，使研修成果"颗粒归仓"，让教师在深度参与、积极投入之后，获得收获的喜悦，满足成长的需要。

总之，校本研修实施的核心要素包括专业引领、同伴互助、个人反思、资源配置、支持保障。研修实施要发挥校本培训者及专家的沟通力、掌控力、觉察力和发展力，实施过程中注重运用调动研修教师的策略——激发内

---

① 汤丰林. 教师培训：学习的视角 [J]. 继续教育研究，2014（9）：65-67.

动力、增加外驱力、增强体验度、强化互动力、促进转化力。研修实施过程必然伴随着研修评价，以期达成研修目标，实现教师个体与群体的专业成长。

第四节 研修评价与改进

教师研修评价是对教师研修相关过程和研修结果进行价值判断，为教师研修决策和促进有效研修提供可靠信息的过程。研修评价的目的是判断价值、发现价值、促使价值增值，改进研修的设计，优化组织的策略与方法，提高教师研修质量，最终指向促进教师成长、学生发展和学校发展。

美国学者斯塔弗尔比姆（D. Stufflebeam）的整体评估模型（CIPP 模型），包括四项评估活动：背景评估、输入评估、过程评估、成果评估，强调评估的"全程性"。我们可以据此对校本研修分研修前、进程中、研修后三个阶段进行评价，即研修设计评价、研修过程评价和研修效果评价。（见图 3-5）

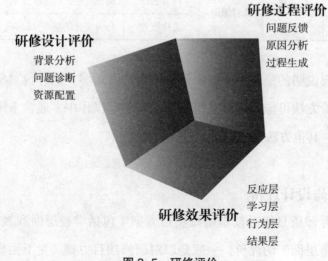

图 3-5 研修评价

研修的全程性评价（见表 3-10）一般可从研修项目、参与研修的教师两个角度进行评价。一般情况下，研修设计评价更关注项目本身，研修过程评价既关注项目也关注参与研修的教师，而研修效果评价更重视参与研修教师的收获、行为改进以及由此带来的工作绩效的改变。

表 3-10 "CIPP 模型"的全程性评价

评价阶段	评价内容	评价方法	评价要素	评价指标
研修设计评价	背景分析	交流汇报 问题研讨 文本评估	需求	满足需求；引领需求
	问题诊断		主题	视角的独特性；价值取向；操作性
	资源配置		课程	一致性；逻辑性；均衡性；多样性
研修过程评价	问题反馈	现场观察 个体访谈 集体座谈 问卷调查	师资	主题的体现度；感染力；洞察力
	原因分析		任务与成果	过程性；生成性；与研修的相关性
	过程生成		研修教师	交流分享的程度；实践和反思的深度
研修效果评价	反应层	问卷调查 成果分析 行动计划 研修跟踪	满意度	学员基本态度
	学习层		学习效果	知识和技能的收获
	行为层		行为表现	岗位应用；行为改变
	结果层		工作绩效	行为变化的结果及影响

这里需要说明的是，用于研修评价的方法有很多，因评价对象、评价目的不同，评价方法可能相同或有所不同。在实际操作中，通常采用以一种评价方法为主、其他方法为辅的形式进行研修评价。

一、研修设计评价

研修设计评价是指对校本研修项目方案（包括学校层面和教研组层面，特别是教研组层面）的评价，一般是以对研修项目方案（见下面模板）论证的方式来进行，主要是对研修主题、目标以及研修活动、研修形式、预期成果等进行科学性与可行性两个层面的评估，具体评价的内容包括三个主要方面：背景分析、问题诊断、资源配置。除此以外，还有对研修教师考核设计的评价。评价主体有校本培训者和校内外校本研修专家，由前者进行自评，由后者进行他评。

下面是教研组 / 备课组校本研修方案模板：

教研组 / 备课组校本研修方案模板

一、研修主题

每个学期选择1-2个主题；每个主题应为系列活动，不断跟进。

二、主题分析

分析政策背景、学科价值与功能、教学现状与问题、学生情况、组员发展需求等。

三、研修目标

四、主要活动安排

时间	专题内容	研修形式	专题目标	负责人	任务 / 预期成果	留存资料

备注：

（1）研修形式：研修形式根据专题目标和专题内容进行选择，例如专题讲座、研讨交流、案例剖析、课例分析等。

（2）预期成果：由研修任务转化而成，随研修的进程生成成果。

五、效果评价

简要说明评价的方式、方法。

首先，要对研修需求的分析结果进行评价，包括背景分析，即政策背景以及需求背景的评价，还包括问题诊断，即对研修教师的困惑或实际问题进行诊断。通过背景分析和问题诊断，能够判断校本培训者所分析的需求是不是实际需求、是不是教育教学的真问题。此外，还可以借助背景分析和问题诊断，判断这些问题能否通过研修予以解决，提炼的主题是否有操作性，价值取向是否清晰。这些是对设计的科学性做出判断。其次，要对研修课程、资源配置等是否得当、是否有助于研修目标的实现做出明确的判断。这些是对研修项目的可行性做出判断。判断后，应给出建议。

在研修方案中，对研修教师学习评价的设计也是重要的关注点。要避免用考勤、泛化的总结等简单粗暴的考核方式，要判断考核的内容与研修课程是否高度相关，也要判断研修需求、研修课程、研修评价三者一致的设计理念是否落实等。

对研修设计的评价，需要关注以下几个原则。

一是标准导向：要以教育部印发的中小学教师专业标准、中小学各学科课程标准以及中小学各学科教师培训课程指导标准等，作为校本研修的重要依据。

二是问题导向：分析、剖析、确认、找准校本研修的关键问题。校本研修要实现从教育教学问题出发，回归到问题解决，形成闭合的回路。

三是需求导向：从诊断、确认研修需求出发，兼顾社会需求、组织需求、岗位需求与教师个人专业发展的需要。研修要能引领需求，更能创造需求。

四是实践取向：方案对接教育教学实践，选择具有挑战性的任务，引导教师做中学、学中改、改中提高。

五是实证取向：教师的诊断有实证、数据做支撑。研修过程中要有意识地积累数据，有意识地让数据、论据支撑观点。

六是资源意识：重视研修教师的资源价值，多元选择研修资源，促使研修生成新的资源。

　　七是成果意识：要将研修任务转化成研修成果，注重成果的自然生成。研修教师通过研修要实实在在有成果产出，研修项目也要开花结果。

　　研修设计评价的意义在于保证研修的科学性和可操作性，促使研修活动成为系统化、结构化的课程，再通过有效实施，使研修生成资源，产出成果，促进教师发展。

二、研修过程评价

　　研修过程评价是贯穿研修过程始终的，也可以称作实施评价。研修过程评价主要是为研修项目提供信息，包括问题反馈、原因分析、过程生成等三个方面。在研修过程中，对可能存在的问题、潜在的失败因素等进行及时的分析和反馈，可以帮助校本培训者对研修做出调整和改进。同时，研修过程评价也包括对过程中生成的成功案例和成功因素的分析，对研修的特色和优势不断进行强化，以达到预期目标。研修过程评价的主体是校本培训者。

　　对于研修项目的过程性评价，中期反馈是常用的方法。作为研修项目质量监控的重要手段，在项目中期，有必要开展针对研修教师的意见征集活动。一般可以以问卷调查、集体座谈（见以下案例）、访谈等多种形式相结合的反馈形式，从研修形式、促进学生发展和教师自身发展的反馈角度，获得研修教师的认识与收获、意见与建议等信息，从而形成对后续研修强化与调整的策略。

某校校本研修中期座谈提纲

（成长期教师研修项目）

1. 请尽可能详细地描述您的研修收获（希望结合具体的研修内容，谈谈从理念、知识、教育教学技能、解决实际问题的教学研究能力等方面的收获，并以具体事例说明）。

2. 请举例说明研修中受到的启发及其对自己教学行为的影响。

3. 谈谈您对研修的组织和研修方式的看法。

4. 培训任务（作业）完成情况（讲座和指导对完成培训任务的作用）。

5. 请您对改进后续研修工作提出自己的意见和建议。

对于研修教师来说，过程性评价也很重要。研修过程物化的记录、统计，每次活动后收获的梳理、互动分享的层次及次数、任务完成的程度等，都可以纳入教师研修的过程性考核内容中，形成过程中持续激发教师发展的动力，引导教师跟进投入。

三、研修效果评价

　　研修效果评价是一个对标的过程，即对研修结果与研修目标进行比较分析，主要在项目研修结束时和结束后一段时期内进行。依据"柯式四层次评估模型"，研修效果评价可包括反应层、学习层、行为层、结果层四个层次（见表3-11）。评价主体包括研修教师和校本培训者，也可以是主管区域校本研修工作的负责人。

表 3-11　柯式四层次评估模型

评价层次	评价内容说明	评价时间			评价主体	评价方法
		前	中	结束后		
反应层	接受程度		√	√ 即刻	研修教师、校本培训者	观察法、问卷调查法、访谈
学习层	掌握程度	√		√ 即刻	研修教师、校本培训者	测试、课堂回顾、问卷调查、模拟训练法
行为层	工作表现	√		√ 一段时间后	校领导、校本培训者	追踪观察报告、评估报告、访谈、行为分析
结果层	发展程度	√		√ 更长一段时间后	校领导	绩效评估报告

　　柯式四层次评估模型，将研修内容内化为个体知识和行为的逻辑顺序，对研修过程的不同阶段进行评价，能够较好地保证研修评价的全面性。

（一）反应层评价

　　反应层评价是对研修表面效果的测评，是征询研修教师对研修印象、实用性等主观感受、基本态度的评价，包括对研修中的师资、课程、方法、资源、管理等多方面的评价；问题设置多为对研修项目的满意程度等。评价工具主要是反馈问卷、访谈提纲等。

（二）学习层评价

学习层评价体现为对教师在研修中所学习到的知识和技能的测量。这一层次的评价常采用各种测验的形式（包括前后测）收集、对比和分析评价信息，直接测量研修教师对原理、事实、技术和技能的掌握程度，来判断研修前后教师在知识和技能的掌握方面有多大程度的提高。

（三）行为层评价

行为层评价是判断教师在回到具体的教学岗位之后，应用研修所学而引起的行为上的变化，目的在于确认将研修项目中学习到的知识和技能转化为实际工作行为的程度。评价内容包含研修教师能否做研修以前做不到的事情、在工作中是否表现出新的行为、是否表现得更好了。评价工具主要是研修效果追踪问卷等。

（四）结果层评价

结果层评价是指评价由研修教师可能的教学行为变化而引起的一系列结果，以及这些结果给组织带来的变化，即组织是否因为研修变得更好了、是否促进了学校和教师的发展等。评价工具主要是综合的绩效考核评估。

反应层和学习层的评价可在研修过程中和研修结束后立即进行，但行为层和结果层的评价则需要在研修后更长的时间内进行，因为参加研修的教师需要更长的时间消化、迁移和运用研修内容。教师研修项目的主要内容是与教学相关的知识和技能，这些知识和技能通常都具有缄默性、艺术性和不可复制性等特点。基于这些特点，教师对研修中的知识和技能的接纳不是一个简单线性的过程，而是需要经过一段时间来领悟、实践和运用，并最终掌握。研修效果最终体现在学生层面，这种研修效果实际上是一种间接的研修效果。因此，在对教师研修项目评价时，应该认识到，在相当长的一段时间之内来衡量由该教师研修项目所引起的教师和学生相关数据的改变量，才是准确的评价数据。

需要指出的是，上面叙述的研修评价是针对研修项目的全程性评价，而学校校本研修的整体评价，应该包括对学校内分层、分类、分岗及全员研修等各类研修的综合评价，是校本研修工作的评估，有自评与他评之分。学校自评时，评价主体有研修教师、校本培训者及学校领导、学校聘请的校外专家，主要依据校本研修评价量表，进行自我评价和检查，以促进学校校本研修的自我改进。他评是指学校上级主管单位或部门对校本研修工作的评价，一般情况下，评价主体是地方教育行政主管部门或区域教师研修机构。区域对学校校本研修工作的评价，具有引领和导向作用，能够很好地促进校本研修品质的提升。（相关内容在本书第五章具体阐释）

实践证明，有效进行学校校本研修的评价，充分发挥研修全程性评价的导向作用，能够保证校本研修的科学性、规范性、系统性和高质量。

总之，通过中小学校本培训者极富创造力的专业设计、有效实施、评价改进，能够很好地保障校本研修的针对性、科学性、系统性和实效性，切实解决学校发展的真问题和关键问题，持续不断地解决教师工作中出现的新问题，形成闭环并螺旋上升，实现促进教师成长、学生发展和学校发展的目标。同时，也要充分重视对自身资源的收集、孵化和利用，这不仅可以提升学校办学质量，还可以带动其他学校甚至能够辐射区域，有效促进区域教育的优质均衡发展。我们也将从本书第四章的实践案例中进一步体会、了解学校和教研组两个层面的校本研修设计与实施的情况，发现、学习到更多的实践智慧！

我们对本章关键问题的回应

通过本章内容的介绍，我们可以梳理出学校通过制定校本研修计划或方案，针对学校教师实践中的真问题，科学设计和有效实施校本研修的几个关键点：

1.通过对组织需求、岗位需求以及教师个人发展需求等进行科学分析与清晰诊断，定位校本研修要解决的"问题"或"痛点"。

2.聚焦校本研修亟待解决的问题，确定研修主题；在主题统领下，定位研修目标，设计研修课程；再不断进行行为跟进，形成系列研修主题，促成研修的系列化。

3.校本研修实施的核心要素包括：专业引领、同伴互助、个人反思、资源配置、支持保障；同时，要发挥校本培训者的"四个力"（沟通力、掌控力、觉察力和发展力），调动参与教师的"五维度"（激发内动力、增加外驱力、增强体验度、强化互动力、促进转化力），实施过程性评价，不断调整和纠偏，以期达成目标。

4.研修评价包括研修设计评价、研修过程评价和研修效果评价。中小学校要有效进行学校校本研修的评价，充分发挥研修全程性评价的导向作用，保证校本研修的科学性、规范性、系统性和高质量。

你的思考

印象	1.本章让你印象深刻的内容有哪些？
感受	2.这些内容让你联想到了什么？
发现	3.这些内容对你现在的工作有哪些启发？
行动	4.今后你在工作中将如何应用？

DESIGNING AND
IMPLEMENTING
SCHOOL-BASED TRAINING

第四章

实践出真知：
海淀学校这样干

本章关键问题

1. 学校和教研组在实践层面如何开展高质量的校本研修？

2. 这些实践案例，对更多的学校和教研组有哪些借鉴意义？

本书前几章系统介绍了校本研修的理论与理念、规划与制度、设计与实施等内容，为便于读者把握校本研修的实践"全貌"，本章精选了北京市海淀区学校和教研组两个层面十个案例。这些案例来自海淀区"十三五"时期校本研修优秀实践与研究成果——校本研修先进学校特色经验、优秀案例、精品课程。不同学校、不同教研组，基于本校、本组的实际情况与发展需求，在先进理念和研修文化的指引下，借助理论指导，进行顶层设计、具体实施，解决真实问题。这些案例从理念到操作、从设计到实施、从课程建设到资源整合、从目标确定到成果梳理等多方面为我们做了很好的示范。

两个层面案例既有统一框架，又各具特色。学校层面案例，侧重于结合各自校情，进行顶层设计、系统构建、全方位落实，从研修文化与研修保障、研修课程与研修模式、教研组建设与区域辐射、研修成果与典型经验四个方面进行梳理提炼。教研组层面案例，基于课程改革要求，结合教育教学重难点问题确定研修主题，如素养导向的单元整体教学、课堂教学改进、整本书阅读教学等，具体呈现了需求调研与分析、主题确定与课程设计、研修实施、研修评价等教研组研修的全过程。

此外，每个案例后面还附有来自区级教师研修机构视角的针对性分析。分析者依据校本研修秉承的理论理念、基于校本研修工作的实践经验，对照区域校本研修先进校评选标准、研修课程评价标准等，进行各有侧重的案例分析，以期对读者有所启发。

升级迭代教师链式培训，打造校本研修金名片①

北京市第一〇一中学密切关注国家教育改革发展趋势，结合本校实际和教师发展需求，经过多年实践探索与迭代创新，建构了"三喻文化"引领下的链式校本研修课程，使其成为北京乃至全国颇具影响力的教师校本研修名片。

一、校本研修文化与研修保障

（一）以"三喻文化"作为研修理念

校本研修需要有文化氛围支撑，好的研修文化能把外部驱动式研修转变为教师自觉的专业学习和发展活动。20世纪美国人类学家玛格丽特·米德（M. Mead）将文化传播划分为前喻文化、同喻文化、后喻文化三个路径，并基于此提出了著名的"三喻文化"说。其中，前喻文化是年长者向年幼者传授，年轻者向年长者学习的文化；同喻文化是指同代人相互学习的文化；后喻文化是年幼者向年长者传授，年长者向年轻者学习的文化。学校认为校本研修的过程也是文化传递的过程。学校以"三喻文化"作为理论基础，将不同发展阶段的教师结成链式学习共同体，形成前辈带后辈、同辈互助、后辈反哺前辈的链式校本研修理念。

---

① 本案例由北京市第一〇一中学提供，主要撰写者为陆云泉、熊永昌、王晓琳、于元。该校获海淀区"十三五"时期"校本研修先进单位"称号。

（二）以机构与制度建设作为研修保障

学校首先从校本研修机构建设入手，建立了符合学校发展特点的教师发展学院，下设教学科学研究所、教育科学研究所、学习科学研究所、教师成长研究所、学术发展研究所，为教师的教育、教学、科研、管理和自我成长提供专业系统支持。教师发展学院由校长亲自领导，负责校本研修各项工作组织落实。学校各部门干部及各学科教研组长共同参与校本研修方案的规划、设计、实施与评估。此外，教师发展学院还制定了多项研修制度和方案，如《常态课特色评比活动方案》《教师专业发展链式引领培训项目策划方案》《师徒学分制管理办法》等，确保校本研修活动能够持续制度化运行。

二、校本研修课程与研修模式

（一）研修对象与需求分析

链式校本研修课程面向学校不同发展阶段的教师。根据发展需求和职业发展阶段，学校将教师分为职初教师、经验教师和骨干名师。不同发展阶段的教师有不同的发展需求、研修方式和进阶方向。

职初教师发展的关键在于怎样尽快实现理论知识与教育实践的衔接，从"前辈"那里获得有效经验，夯实教学基本功，适应学校教师文化。经验教师普遍对课堂教学高水平发展有强烈愿望，急需通过更多更广的平台来打磨和展示自己的课堂教学能力，并从"前辈"的指导和"同辈"交流中丰富、提炼有效教学经验。骨干名师发展进入成熟期，需要发挥辐射作用，同时也需要先进理念与平台来激发他们实现自我突破。

（二）校本研修课程建构

教师发展学院结合学校实际情况、办学特色，并根据对不同层次教师的需求分析，开发了"三层面六领域"的研修课程架构（见表1）。宏观层面，关注高端研修，如国家大政方针与社会经济发展趋势、教育改革政策等；中观层面，关注新课程改革背景下的学校顶层设计和实施策略，如"生态·智慧"理念下的管理创新、课程建构等；微观层面，关注课堂教学的策略选择、模式创新与新技术应用，如课例研究、云端课堂、翻转课堂、微课等。六大领域包括教师基本素养、教育教学理论、教育教学实践、情怀与视野、人文素养、高科技＋教育。

表1　北京市第一〇一中学教师研修课程架构

教师基本素养				教育教学理论				教育教学实践				情怀与视野				人文素养				高科技＋教育			
教育教学基本功	职业规划与理想	职业信念与师德	学校历史与文化	教育学与心理学	课程标准理解	学科核心素养	教改政策理念	课堂教学实践	教育教学评价	学法指导研究	学科课程建设	社会经济发展	国家法治建设	国家政治政策	国际格局形势	文学与历史	艺术与哲学	生活与交往	身心健康	信息素养与安全	信息技术与创新	科技与教育融合	人工智能＋教育

根据以上研修课程架构，基于学校教师发展目标，挖掘不同教师的优势并将其作为培训者，设计不同层次的教师发展课程。既有面向全体教师的研修课程，也有针对职初教师、经验教师和骨干名师发展需求的、体现"三喻文化"理念的研修课程。

（三）校本研修课程实施

在"三喻文化"的引领下，骨干名师、经验教师和职初教师之间形成多方向多元的学习和文化交流形态，结成学习共同体。

1."前喻文化"引领为主的职初教师研修课程实施

骨干名师、经验教师可以作为职初教师的"标杆"。充分挖掘他们的优秀经验形成课程，可有效指导职初教师迅速了解学校文化和历史，认识教师职业和师德要求，夯实基本功，进而帮助职初教师顺利走好职业的起步阶段。基于以上设计理念和目标，职初教师研修将"教师基本素养"和"教育教学实践"作为主要研修内容，由高校专家、正高级教师、特级教师、市区级骨干教师以及教育教学管理干部担任培训者，形成了"通识培训"和"教学基本功实践研修"两类课程。

2."前喻文化"和"同喻文化"引领为主的经验教师研修课程实施

处于同一或相近发展阶段的教师可能面对同样的专业发展和实践问题，因此，同辈之间平等的交流与合作更容易实现。当然，经验教师的职业困惑也需要来自"前辈"的指导。经验教师对进一步成长有较强的愿望，迫切想要解决当前教育教学实践难题、提升课堂教学能力。经验教师研修课程创造各类各层次实践平台，通过教学实践和成果固化等形式，促使经验教师在与"前辈"和"同辈"的学习与切磋中钻研业务，反思工作，挖掘进一步发展的潜能。课程内容关注职业发展规划、课堂教学实践、教学研究与成果固化等。具体课程有骨干教师专业发展规划、"说课"培训与评比、"课例研究"与评比、"生态·智慧"课堂教学实践、教研活动与展示等。

3."后喻文化"引领为主的骨干名师研修课程实施

学校里的骨干名师们不仅是文化的输出者，同时也需要主动学习，或在指导经验教师和职初教师中获得"回报"，这往往可以使他们在教育教学理念和实践模式上获得新启发，实现新突破。为此，骨干名师研修课程以成果提升、理念更新为目标，具体有教研指导、思想成果研讨、学科与科学前沿论坛等。

三、教研组建设与区域辐射

（一）链式校本研修课程引领下的教研组建设

教研组是落实学校教学管理目标，保证学校日常教学工作正常运转，提高教师队伍素养和学校办学品质的基层组织。学校十分重视教研组建设，完善领导联系教研组制度。各教研组努力建构积极向上的研修文化，提炼教研组文化内核，制定教研组建设方案，特别是将链式校本研修课程在学科教研活动中扎实推进和有效落地，保证每个教师都能在组内找到匹配自己起点和需求的学习内容，并能发挥个人专长，推动其他教师专业发展，从而实现教师专业素养提升和学科教学能力进阶。

（二）区域辐射情况

"十三五"时期，学校教研组积极发挥辐射引领作用，完成了 11 个海淀区学科教研基地的建设工作，开展了一系列活动，示范引领学科教学与研究。与海淀区、北京市乃至全国的教师交流并分享教育教学研究成果。学校组织特级教师、市级骨干教师开设学科教学实践课程，面向北京全市教师开放网上选课。5 年来，学校先后辐射引领来自内蒙古、陕西、山西、贵州、江西等地的教师，持续推进与国内外高水平学校合作，深化交流，坚持以开放促改革、促发展。通过国内、国际交流活动展示海淀教育形象，传播中国基础教育的声音。

四、校本研修成果与典型经验

（一）校本研修成果

学校注重校本研修成果的积累与固化。由学术委员会主编的校刊《远方》，内容以教师的教育教学类文章为主，至今已出版 5 期，成为学校办学的文化标志。

"十三五"期间，学校共立项国家级课题 1 项、北京市级课题 13 项；编写完成各学科《科学学习手册》，正式出版《中学学科阅读指导丛书》（共 12 本）、《烛光照亮梦想》。学校教师的获奖论文及成果共 700 余项，其中，公开发表的论文（作品）有 300 余篇，出版物有 60 余种。

（二）校本研修典型经验

从校本研修课程文化和理念来看，学校采用链式培训引领研修整体规划，将"三喻文化"作为课程理念基础，关注教师前辈、同辈和后辈之间双向的学习和指导，而不仅仅是前辈指导后辈，形成教师学习共同体，实现学校内部研修。

从课程设计来看，研修充分体现了以校为本的特点，充分整合学校优质的师资团队直接参与教师研修。课程内容成体系，既注重研修课程的整体规划，也关注不同发展阶段教师的实际需求。课程内容涉及学校历史、教师理想、学生管理、教学能力、职业发展等教育教学工作的各个方面，为不同层次教师提供借鉴，引发共鸣和思考。

从课程实施过程来看，研修充分体现"链式"培训的特点，基于骨干名师、经验教师和职初教师的发展阶段与需求差异，建立"众筹式"专业学习共同体，开展多种形式的研修活动，促使教师实现协同发展。

从课程研修辐射力度来看，研修注重整合校内外资源，或合而为一或深化拓展，一方面，减轻教师研修负担，形成精品研修课程；另一方面，辐射优质研修资源，发挥作为优质学校的社会服务作用。

案例分析

北京市第一〇一中学通过长期探索与实践，系统建构了"三喻文化"引领下的链式校本研修课程，将不同发展阶段的教师结成链式学习共同体，为探索新型教师专业发展模式提供了良好的实践范例。

首先，在研修课程设计上，凸显文化引领、需求导向、系统建构。一是以"三喻文化"为理论基础，体现"前辈带后辈、同辈互助、后辈反哺"的校本研修理念。二是根据教师专业发展阶段和需求，确定了职初教师、经验教师以及骨干名师三类群体，明确了研修"链"的主体及其发展方向。三是设置"三层次六领域"研修课程结构，从研修内容层面凸显了研修"链"的系统与整合。不同类别的教师群体参与不同类型的研修课程，从而实现差异化、个性化成长。

其次，在研修课程实施上，凸显学习共同体构建、研修模式创新。以学科教研组为"单元"建构专业学习共同体，充分发挥研修"链"的关联与互动性。学校以研修课程为载体，实现了不同发展阶段的教师之间多元、深度的学习与交流，促使全体教师共同成长。

综上所述，学校建构了基于"三喻文化"的校本研修文化，为校本研修的有效开展营造了良好的生态背景；通过对教师群体的精准画像，基于需求系统建构校本研修课程；通过构建学习共同体，实现了研修资源的共建共享、研修模式的实践创新。

研究引领　贯通培养——校本研修促进教师主动成长[①]

九年一贯、十二年一体，北京市育英学校是一所具有红色基因且在不断变革中追求高速发展的普通学校，高素质的教师队伍是其快速发展的核心和关键。学校紧紧抓住"教师队伍建设"这一"牛鼻子"，"问道于教师"，找准教师专业发展面临的真问题，系统研究、多措并举、贴地

① 本案例由北京市育英学校提供，主要撰写者为袁凤芹。该校获海淀区"十三五"时期"校本研修先进单位"称号。

而行，实施校本研修。在"文化赋能、组织赋能、制度赋能、实践赋能"的基础上，通过顶层设计、行动研究、课程构建与实施，形成了"研究引领，贯通培养——校本研修促进教师主动成长"的"育英经验"，实现了教育教学质量的全面提升，走出了一条极具普遍价值的"从普通到优质"的学校发展之路。

一、校本研修保障与研修文化

（一）顶层设计"四个一"

"十三五"期间，学校根据自身发展阶段及教师队伍发展的现实需求，对校本研修进行顶层设计，形成了有利于"贯通培养"的校本研修特色。顶层设计包含"四个一"。一是一个方案，即研制《北京市育英学校促进教师专业发展方案》。二是一套机制。为保障方案落地，学校积极探索一整套有利于教师贯通培养的治理结构与相应机制，厘清相关部门的职能，促进各部门在理念文化、组织管理、课程建设、教学研究、评价体系等方面相互衔接和贯通。三是一个体系。学校以组织重构促进师资贯通培养，以文化理念及制度系统为保障，以课程建设、教学研究、评价体系研究为核心，形成本校独有的教师贯通培养体系。四是一体化实施。学校打通四校区教研，建立跨校区、跨学段授课制度，因需组建多个跨校区、跨学段的"师徒发展共同体"以及项目研究团队。

（二）从"三拼"到"三讲"，享研究之乐

学校秉承"教师专业成长要从外在的被动培训走向内在需求的自我成长"的核心理念，坚持校本研修要以"赋能教师，促使其发展成反思性实践者、教学研合一的专业工作者"为目标，以系列学术制度建设为主线，以研修课程的构建与实施为载体，引领教师在教育教学实践中"提出问题—分析问题—制定计划—行动实施—反思改进"，进而能够为

行动而研究、对行动开展研究，在研究中学习、在研究中改变、在研究中提升，如此循环往复、螺旋上升。基于此，校本研修应帮助学校教师实现从经验到理性的不断攀升，实现从"拼体力、拼汗水、拼时间"转向为"讲方法、讲智慧、讲效率"，引领教师在纷繁复杂的教育现场"享研究之乐"。

（三）校长引领在关键处

作为特级校长、正高级教师，学校党委书记、校长于会祥理论素养与实践经验兼备，充分发挥学校校本研修第一责任人在管理、规划和专业引领上的领导力。在校本研修规划阶段，他统筹管理并多方引进资源；在校本研修实施的不同阶段，他还有针对性地进行不同形式的示范带动与专业引领，如统筹推进课题研究、带头开设系列主题讲座、亲自示范上课、撰写随笔并分享在学校自动办公系统等，不断引领学校校本研修与教师发展的方向。

二、校本研修课程与研修模式

（一）研修课程整体构建

研修课程的构建从问题出发，"问道于教师"。学校因需构建了自主课程、全员课程、分层分类课程和个性化课程四类校本研修课程。课程设置面向全体，聚焦"小学、初中、高中课程建设与育人模式的变革"，聚焦学科课程育人价值的理解等关键问题，开展指向实践、问题解决的校本研修。

课程实施的组织形式为"学科联动（横向分段实施、纵向整体联动）+学部（年级）分岗+整体推进"，在研修过程中重点突出教师的自主规划、主动学习、主动改变、主动成长，着重加强研究共同体的建设，强调解决实践真问题，促进教师主动研究、主动提升。（见表1）

表1 北京市育英学校校本研修课程

课程类别	研修对象	研修内容及形式	研修目标	研修频次
自主课程	全体教师	自主阅读、自主课堂诊断、自主反思改进	鼓励教师要成为自己教育自己的主体：自主学习、自主改变、自主成长	自主随时
全员课程	全体教师	校长引领下的系列培训（学校理念、课程建设、课堂研究等）	引领教师开阔视野，指导教育教学实践	随着研究的推进实施，每学期3—8次
		小学、初中、高中一体化课程建设与实施的暑期封闭研讨	提升教师课程意识、课程建设与实施的能力	集中封闭研讨与日常实践结合，假期一般集中封闭研讨7—10天
		育英科研论坛实践分享，教师申报坛主、主持人，全员自选分论坛参加	营造"学术交流、智慧碰撞、观点交锋、不做结论"的学术氛围，引领教师总结梳理实践成果、分享发表成果	每学年末1次
		育英名家讲坛：邀请校内外名家讲学，聆听名家智慧，感受名家风采	引领教师向着名师名家发展	每学期8—10次
		线上教育教学系列培训与实践	提升教师在线教育教学能力	根据需要随时进行
		"从大单元教学到'开放性教学'""为思维而教"全员研究课	提升教师课堂教学研究能力	校级以上研究课，45岁以上教师每学年1节，45岁以下教师每学期1节，新入职教师每学期2节
		共读教育教学理论书籍《教学七律》《聪明教学7原理》《为思维而教》等	提升教师教育教学理论素养	每学期进行，常态跟进

续表

课程类别		研修对象	研修内容及形式	研修目标	研修频次
全员课程		全体教师	育英学科资源库建设	提升教师学科教学资源的积累意识，实现学科教学资源共享	随时进行
分层分类课程	青年教师	青年教师研修学院（全校35岁以下教师）	共读一本书，享研究之乐	提升青年教师教育教学理论素养	每学期3次
		新教师（入职1年内教师）	新教师成长共同体校本研修	夯实新教师教育教学基本功，促进新教师尽快站稳讲台，适应角色	每月第四周晚18:30—20:00，每月一次
		入职1—3年期青年教师	组建"师徒研究共同体"	师傅进行跟岗实践指导，夯实教育教学基本功，促进教师主动规划，共同成长	基于教育教学常态，每学年9月启动，每学期做一次阶段汇报交流，发现典型并宣传推广
		入职1—5年期青年教师	青年教师课堂教学基本功竞赛	展示青年教师教学风采，夯实入职1—5年期青年教师教育教学基本功	每两年一届
		优秀青年教师	在关键岗位进行实践锻炼	促进青年教师加速成长	基于实践而定
	骨干教师	市区级骨干教师	开展项目研究、课题研究，进行教育教学创新成果申报等	促进教师提升教育科研能力	常态开展
		实践中发现的优秀教师	"发现教师""育英教师说"经验课程	帮助教师实现实践经验提炼的结构化，激励教师发展	每学期5次，每次4人
	学科教师	年级学科教师	基于年级教学的研究	提升年级教师课堂教学能力	每周五14:30—18:00，全校大教研；常态开展

课程类别	研修对象		研修内容及形式	研修目标	研修频次
分层分类课程	学科教师	学段学科教师	大单元整合研究、课程建设研究、学生思维发展研究等	促进教师实践研究成果的阶段分享交流	每学期2次
		小学、初中、高中学科教师	小学、初中、高中课程建设与评价研究	促进小学、初中、高中教师建立一体化大教学观、课程观	每学期1次
	课程首席	高中课程首席	高中听评课交流、高中课程建设汇报	提升高中课程首席课程建设与听评课能力	听评课每月周四16:30—18:00，1次；学科课程建设每学期2次
	教研组长	小学、初中教研组长	九年一贯听评课交流、九年一贯课程建设汇报	提升教研组长课程建设与听评课能力	听评课每月周四16:30—18:00，1次；学科课程建设每学期2次
	班主任	年级班主任	基于问题解决的培训	提升年级班主任育人能力	每学期至少2次主题交流
		学段班主任	优秀班主任经验分享交流	帮助学段班主任梳理经验、进行分享，提升教育智慧	每学期至少2次
		小学、初中、高中班主任	班主任基本功大赛、班主任全员主题培训	提升班主任通识能力	每学期至少2次
	年级主任	学段年级主任	年级主任常规工作交流	提升学段年级主任常规管理能力	每周1次
		小学、初中、高中年级主任	年级管理实践分享	提升年级主任一体化大教育观、一体化管理能力	每月1次
个性化课程	优秀教师	遴选学科优秀青年教师	育英优秀青年教师贯通培养	培养小学—初中—高中复合型人才	常态开展
	名师	发展中的名师	成立名师工作室	加速名师的孵化成长	基于实践，常态开展

（二）校本研修课程的具体实施：以两类课程为例

四类校本研修课程的实施，切实促进了不同岗位、不同层级、不同发展阶段教师的发展。下面以两类课程为例进行介绍。

例一：全员课程。"十三五"期间，我校全体教师跨学段、跨校区参与，累计开展了4000多节课堂诊断研究，完成"深研教材""从大单元教学到'开放性教学'""为思维而教"等主题的课例研究约5000节。全员、全覆盖式的课例研究，促进了教师在诊断中改变，在研究中提升。此外，我们还推动全体教师开展线上教育教学实践研究、课程建设深化研究等，营造了研究氛围，也提升了教师的研究能力。每学年末，学校组织"育英教师科研论坛"，鼓励教师对实践智慧进行显性化提炼，形成个人结构化经验并积极分享；举办系列"育英名家讲坛"，分享名家智慧，引领教师做专家型教师。

例二：分层分类课程。学校聚焦不同层级教师专业发展的特点，如分别对四校区青年教师、骨干教师、名师的发展现状等进行调研分析，开展有针对性的校本研修。以青年教师为例，学校研制《北京市育英学校"师徒研究共同体"相关制度及量化评价》，从四校区遴选优秀青年教师，在本学段内以及跨学段、跨校区为其配备师傅，进行贯通培养；优化组合，建立跨学段、跨校区授课制度，促进青年教师成为能通晓小学、初中、高中教育教学的复合型教师，进而实现青年教师快速成长。

通过"育英教师说"等方式，学校提炼、宣传推广骨干教师实践经验或成果，帮助其在发展的不同阶段实现思考与实践的结构化提炼；鼓励教师"寻访标杆校"，参加学术论坛、拜请名师等，开阔视野。针对骨干教师在成长过程中普遍存在科研能力和科研素养亟待提升的现实问题，学校研制了《北京市育英学校项目研究实施办法》并不折不扣地实施。

三、教研组建设与区域辐射

（一）建章立制，一体化实施

我校制定了《开放性教学——教研组教研的指导意见》，其中规定：教研组长是教研的第一负责人；团队合作、智慧分享是教研组教研的基本形式；教研的定位是有主题的学术性业务研究活动，研究的内容要基于日常教学中亟须解决的真问题。《开放性教学——教研组教研的指导意见》还对教研的目的、教研的流程以及相关问题进行了具体要求和说明。

为帮助教师建立小学、初中、高中一体的学科大教学观、课程观，学校打通学段教研，一体化实施。例如，学校将学段小教研与小学、初中、高中一体的学科大教研相结合，建立学科首席教师、教研组长一体化管理听评课制度，行政干部跟进教研组制度。学校要求兼课的干部必须参加所在教研组的教研活动，没有兼课的干部由学校统一组织安排，分配到相关教研组参加教研活动。

（二）内涵发展，辐射引领

近些年，我校教育教学质量全面提升，实现内涵式发展，在区域层面充分发挥学科教研基地的辐射引领作用。以 2017 年至 2019 年为例，我校组织召开国家级、市区级、学区教研邀约 40 余次；学校小学体育、小学英语、中学语文、中学化学等学科多次承担市区级研修活动。目前，学校已成为多所高校的教师实习或研修基地。

四、校本研修成果与典型经验

（一）研修成果

校本研修多举措的有效实施，激发了不同层级教师的内驱力，教师队伍整体焕发勃勃生机，多名教师在市区级大赛中获奖，几十项课程成果获得市区级奖项。学校培养了一批通晓小学、初中、高中教育教学的复合型教师。近年来，教师梯队发展势头良好，目前有特级教师17名，硕博士217人，市区级带头人、骨干教师、教学能手178人，教师队伍建设水平在区域内位列前茅。

《赋能：激活教师 贯通培养——北京市育英学校教师队伍建设的实践与思考》获得北京市干部教师培训科研成果一等奖，多项培训成果获区级奖，11项教师培训课程被评为"海淀区校本培训精品课程"。学校多次在市区级会议上做典型发言，分享校本研修经验。2019年，学校获得首批"北京市中小学教师教育基地学校"称号。

（二）典型经验

经过多年持续探索，我校打破"一刀切、大一统"式研修，构建了"面向全体、关注层级、兼顾个体"的校本研修模式，形成了系列培训课程，以及年级学科层面的教师培训精品课程。我校主要形成以下两方面的经验。

1. 校本研修应指向基于自主规划与发展的教师学习研究共同体建设。教师层面，秉承"每个人要成为自己教育自己的主体"理念，每一位教师明确专业发展现状，分析优势和短板，找到突破点，自主规划、主动改变、主动发展。学校层面，因需组建了多种"学习研究共同体"，如青年教师研修学院共同体、师徒研究共同体、项目研究共同体等，一方面覆盖全员，另一方面各有侧重，使每一位教师都在共同体中进一步实现了成长。

2. 教师发展要注重强调反思与浸润式研修。我校教师在实践中学习、反思、改进、提升，形成全员、全程、全覆盖反思性浸润式研修。5年来，我校教师撰写教育教学反思近千万字，努力成为反思性实践者、"教学研"合一的专业工作者。

Q | **案例分析** ··

　　北京市育英学校近年来发展迅速，社会和家长的满意度高，究其原因何在？从该案例中，我们可以找到一些答案。

　　第一，校本研修整体布局、系统设计，贯通培养、研究引领、赋能教师。学校基于先进的研修理念与文化，坚持"教师专业成长要从外在的被动培训走向内在需求的自我成长"价值理念，找准不同发展阶段教师面临的真问题，顶层规划、多措并举实施校本研修。学校系统设计了"四个一"——一个方案、一套机制、一个体系、一体化实施，有效扎实推进，形成了"面向全体、关注层级、兼顾个体"的校本研修模式。既有系统的研修制度，又有实施细则、量化评价，保障了校本研修的实效性。

　　第二，认真研究需求，实施分层分类研修，课程丰富，形式多样。针对不同群体教师特征与需求，学校充分调研，具体分析，实施分层分类、解决真问题的校本研修。针对全员培养与分层分类研修，形成了完备的课程体系，既强调教师"自主规划、主动学习、主动改变、主动成长"，又注重加强研究、实践和学习共同体建设。同时，学校搭设多种展示交流平台，研修形式多样，如育英教师说、寻访标杆校、读书论坛、名师工作室、育英名家论坛等。学校构建适切而富有活力的研修课程，采用有效的组织形式，扎实有效地促进了全体教师的专业发展。

　　总之，该校校本研修立意长远，规划细、落得实、发展快，实现了以校本研修赋能教师成长、学校发展的目的。在研修理念、统筹规划、课程建设与具体实施策略等方面，值得学习与借鉴。

学术引领 精准服务 持续赋能——成就卓越教师 [1]

一、校本研修保障与研修文化

（一）校本研修保障

1.强化校本研修制度保障

为切实解决校本研修对教师专业发展支持不全面、不系统、不持续的突出问题，中关村第一小学（简称"中关村一小"）着眼于学校教师教育教学的实践问题，在"十三五"时期制定了《中关村第一小学校本培训发展规划》，努力健全校本研修制度，将每年的目标达成情况记入教师档案，确保校本研修有标、有力、有效。

学校落实"一个标准、一套制度、一种文化"，实现"同一品质"的集团化管理，瞄准教师队伍整体发展，将校本研修纳入一体化管理的重要组成部分。根据教师专业发展阶段理论和规律，学校从顶层设计角度制定了不同层面的管理制度（见表1）。管理制度的完善为教师学习、研究、评价、反馈和发展提供了有效的支持和帮助。

---

① 本案例由北京市海淀区中关村第一小学提供，主要撰写者为屈文霞、贾宇琪。该校获海淀区"十三五"时期"校本研修先进单位"称号。

表 1　中关村第一小学教师管理制度

层面	管理制度	
教师层面	周反思制度（"每周一得""故事分享"等） 周教研活动制度 周安全教育制度	
年级组层面	年级集会制度（每月第一周） 年级总结会制度（每月最后一周） 组长作业检查制度（每月第一周） 年级总结报告制度（每学期末）	
学校层面	团队学习制度	每月一次"名师课堂"讲座 每学期一次"教师论坛"主题活动 每学期读书交流分享会
	九项校本制度	一日校长制度 一周集体听课制度 一周下组蹲点制度 一月工作汇报制度 一学期干部党员民主测评制度 一学期年级组工作交流制度 一学年教职工提案制度 一学年教师岗位意向调查制度 一学年十件实事制度
	干部跟进制度 （"四个一"制度）	下组（每天一次） 干部例会（每周一次） 规划分享（每学期一次） 总结分享（每学期一次）
	成果固化制度	

　　学校通过"对话校长""党员微型论坛"等微论坛机制，发现问题、统一思想、凝聚人心，引领教师思想理念更迭升级，为校本研修以及进一步深化学校课程改革工作提供制度保障；建立"说出我的教学故事""教育教学成果奖"轮讲制度、教学经验理性化梳理制度，发挥优秀教师示范引领作用；实施学术积分制，激发教师学术热情；依托中国教

育科学研究院资源，建立专家驻校引领校本研修的长效机制，促进教师掌握教育科学研究方法，提高教师科研水平。

2.健全校本研修组织保障

为给不同专业、不同发展阶段的教师创设个性化成长环境，学校根据教师特点建立了"一会两院"组织机构（见图1），激发教师成长内驱力。

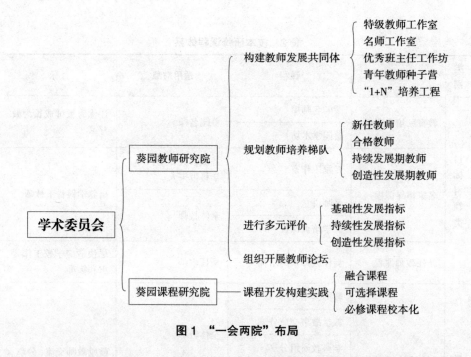

图1　"一会两院"布局

（二）"自主＋合作"的校本研修文化发挥教师个体作用和团队合力

在学校办学理念和核心价值引领下，我们提倡同伴研修，构建"自主＋合作"的校本研修文化，充分发挥卓越团队的引领作用，以特级教师、市级学科带头人和骨干教师为核心成员，探索团队研修新举措，让教师通过学习结成教师发展共同体。

二、校本研修课程与研修模式

（一）针对培训对象的发展需求，设计立体化校本研修课程

学校通过多年的积累和完善，已经开发"目标引领、互动分享、专题专攻、课程领导力和评价激励"五类校本研修课程（见表2），形成目标明确、内容丰富、形式多样、平台宽广、分级清晰的校本研修课程体系。

表2　校本研修课程体系

类别	领域	课程	适用对象	目标
目标引领类	教育家培育课程	葵园名师屋	葵园名师	让优秀教师成长为教育家
		葵园学术坊		
	名家指导课程	专家工作室	各级各类骨干教师、学科带头人	培养学科骨干教师
		名师讲堂	全体教师	
		大学培训课程		
	新任教师课程	新任教师入门培训	新任教师	尽快适应学校工作要求和标准
教师互动分享类	同伴分享课程	教师读书分享	全体教师	鼓励教师交流、分享、共进
		教学故事交流分享		
		学科教研组分享		
		外出学习话收获		
		科研成果发表会	校级课题团队	
		班主任咖啡分享	班主任	
	论坛研讨课程	科研成果论坛	全体教师	树立成果意识固化研究成果
		教学研讨论坛		
	值班日志课程	一日校长值班日志分享	中层干部	分享管理经验固化管理经验

续表

类别	领域	课程	适用对象	目标
专题专攻类	常规指导	课堂调研反馈	全体教师	明确优势与不足，结合反馈改进
		备课、作业反馈		
		家长会反馈		
		最受学生喜爱的教师特征总结		
课程领导力类	课程研发	低年级"融合"课程	学科骨干教师	发展教师学科特长，丰富学校课程资源
		三至五年级可选择课程		
		六年级毕业课程		
评价激励类	教师评价	风采团队展示	全体教师	发现教师闪光点，传递工作正能量
		葵园好老师展示		
		班主任咖啡分享时光		
		感动中关村一小十大人物巡展		
		党员示范岗宣讲		

（二）灵活采用不同形式，优化创新校本研修模式

学校创新校本研修模式，突出自主灵活性，深化校内合作模式、院校合作模式、对外交流模式，开展境外专题培训，丰富网络资源库，开展网络远程培训。

1. 深化校内合作模式

依托葵园教师研究院开展双导师制、名师工作室、特级教师工作室活动；实施"种子营""'1+N'培养工程"项目，发扬学校传统"传帮带"精神；以"班主任名师工作坊"为抓手，做好班主任队伍建设工作。

2.拓展院校合作模式

学校扎实开展深化课程改革培训活动（见表3、表4），为教师与专家学者全面交流教育创新实践成果提供机会，开阔教师视野。例如，"十三五"期间，我们着力开设"新学堂"高阶思维能力培养项目，组织老师们学习 DOK（Depth of Knowledge，即"认知的深度等级体系"）理论，进行课堂实践探索。

表3 近五年主题工作坊开展情况

工作坊主题	工作坊主持人	工作坊内容
"基于标准的学习"主题工作坊	李新翠 中国教育科学研究院 教师发展研究所副研究员	帮助教师形成以下意识：教学是一种专业行为，教师要像"专家"一样整体思考目标、教学与评价的一致性
"思维进阶"与"深度学习"主题工作坊	张春莉 北京师范大学 课程与教学研究院教授	分析深度学习的内涵、特征，教学追求意义的必然性，以及促进高阶思维的三方面路径：解读知识本质、明确教学目标；了解学生的知识基础与生活经验，分析学生的思维发展过程；创设教学情境与活动，完善学生的认知结构
"思维进阶"与"深度学习"主题工作坊	劳伦斯·塔什 美国洛杉矶学区督学	分享如何促进学生的深度学习，尤其是变学生的消极学习为主动学习，以及基于 4C［Critical thinking（批判性思维）、Creativity and innovation（创造与创新）、Communication skills（沟通能力）、Collaboration（团队协作）］、DOK 来指导教师有效评估课堂学习成效，从而变革思维方式，提高学生的学习质量
	薇拉·托伊沃宁 芬兰普力马特卡学校副校长	以创新性思维以及芬兰教育体系为主题，分享芬兰教育体系基于"平等"和"信任"理念构建的创新性学习环境
"真实性评估"主题工作坊	刘灿 教育科学出版社	探索"真实性评估"的重要工具，如学习日志、学习日记、观察清单等

表4 近五年葵园学术坊部分学术讲座主题一览表

学术讲座主题	主讲者
深度学习与课堂教学改进	北京师范大学郭华教授
项目式学习的本质与项目特质	北京师范大学滕珺教授
价值观引领下的班级文化建设	北京师范大学余清臣教授
游戏化学习研究与实践探索	北京师范大学肖海明博士
面向未来的学校教育	北京市第一〇一中学郭涵校长
课程改变学校	北京市教育科学研究院杨德军主任
核心素养观念下的学校课程改革	首都师范大学王云峰教授

为鼓励教师分享教学经验，固化研究成果，学校以年度教师论坛为依托，让教师从研究的视角总结自身教育教学智慧，培养教师的学术研究能力。论坛的主题如"基于核心素养的教育创新实践研究""学习变革，我们一起来""立足素养，精准研究，优化成果"等。

3.开展多渠道、多专题、多维度对外交流展示

学校注重加强国际交流。老师们通过专家讲座、与国外教师同课异构等方式，把研究体验延伸到国际教育研究前沿领域，了解和体验不同的教学环境与研究氛围，不断迸发教育研究灵感。

三、教研组建设与区域辐射

（一）教研组建设

学校各教研组聚焦以学习者为中心的教学研究，加强核心组建设，学科优势不断突显。学校充分发挥教研组长带头作用，扎实开展教研活

动。数学学科核心组着力开展"运用大观念发展儿童关键数学能力的实践探索"教学研究活动；语文学科核心组重点持续开展"课内外阅读一体化"教学研究活动，举行"张海宏特级教师教育教学实践研讨会"；美术教师团队成立"林秋伶工笔画重彩工作室"和"田春娣创客工作室"，开展艺术教师沙龙；体育特级教师秦治军带领体育学科团队开展"超强"体育行动，承办"北京市小学体育特级教师'师带徒'示范引领改革成果展示"等。

（二）区域辐射

1. 以学习方式变革为抓手，培养本校教师，服务周边学校

学校持续开展以学习者为中心的课堂教学研究，探索基于问题的学习、基于项目的学习、主题研究性学习等学习方式变革。学校发挥学科建设优势，向外公布各学科核心组教学研讨活动直播会议号，实现集团内部跨校区教研的同时，服务兄弟学校。

2. 充分发挥示范校、基地校引领作用，实现优质教育资源共享

学校是北京市校本培训示范校、北京市中小学教师教育基地学校、教育部影子校长培训基地、中国教育科学研究院校长培训基地、北京师范大学小学教育研究中心基地校，每年都有若干批来自全国各地的教育界同人来校参观、学习、研讨。同时，学校聚焦教育热点问题和趋势，不定期举办研讨会，搭建海淀教育人与世界各国教育同人交流对话的平台。

3. 学校特色化发展产生较强辐射作用，课程改革经验在全国传播

"自主发展课程体系"的探索与实践已成为学校名片，自主教育理念也引领带动了全国众多学校的教育改革。学校受教育部、北京师范大学、"中国好老师"项目的委托，形成面向边疆少数民族地区的支教团队，并与多地建立手拉手合作校，实现学校成果广泛传播，为教育发展欠发达

地区提供有深度、有价值的参考，促进教育优质均衡发展。

四、校本研修成果与典型经验

（一）校本研修成果

1.校本研修驱动学校课程建设、日常教学研究及综合评价体系变革

校本研修以"研究、引领、指导、服务"为职能，深化课程改革实验，通过项目研究锻炼一批教师、成就一批教师，使教育科研为教师的实践探索和专业发展助力。同时，学校加强常规管理，深化"新学堂自主教学实践"（见表5），落实基本功训练，促进每一位教师成长。

表5 "新学堂自主教学实践"要素构成

四个"关注"	关注每一天的课堂教学质量
	关注每一个学科课堂教学常规的建立
	关注每一名学生习惯的培养
	关注每一名学生学业质量的提高
四个"不"	不迟到一分钟
	不浪费一分钟
	不拖延一分钟
	不盲目一分钟
六个"还给"	把学习时间还给学生
	把主动权还给学生
	把选择权还给学生
	把体验权还给学生
	把话语权还给学生
	把评价权还给学生
一个"教会"	教会学生学习方法

2.校本研修提升教师教育教学能力和研究能力

在课程与教学创新方面，学校将传统的行政命令转化为学术引领，基于"6-2-6（六个领域、两大类别、六个平台）自主发展课程"体系，组建融合课程开发团队和六年级毕业课程开发团队，设立项目负责人、课题主持人、论坛坛主，吸引更多教师加入课程开发队伍中。在专家引领下，通过开发课程、实施课程，促进教师学习课标、研究教材、研究学生，提高教师的课程领导力和创新力。"十三五"期间，学校共有国家级课题2项、市级课题2项、区级课题33项，95%以上的教师参与研究；成立3个特级教师工作室、6个名师工作室和5个班主任工作坊。教师队伍体现出更专业的能力、更精进的合作和更开放的情怀。

（二）校本研修典型经验

1.技术赋能

学校深化面向教师的教育智能化服务，基于"葵园e家"全场景教师工作发展平台，提供了提质增效、专业发展、成就激励三大类服务，包括协同备课、混合教学、导师育人、听课评课、校本科研、教师评价、学术积分、荣誉获奖、成长档案等十余个子系统。通过"葵园e家"全场景教师发展平台数据积累，学校分析教师专业成长关键要素，为教师成长提供有针对性、可资借鉴的帮助，助力校本研修信息化、科学化、人性化。

2.课题引领，研训一体，持续精进

学校通过两项国家级课题"基于学生数字化课堂教学模式变革研究""小学思维进阶课堂教学实践研究"引领，结合常态调研课，研训一体推进校本研修，培养教师数字化教学运用能力，提高教师创新能力，实现教师团队教育教学能力和研究能力的持续精进。

3. 紧密结合学校发展的主题和关键问题，校本研修更具针对性

"十三五"期间，学校发展定位从"课程改革深化年"，到"核心素养深化年"，再到"标准引领年"，从"规范常态"到"突破提质"。校本研修计划也随着学校发展主题的变化而更迭。

4. 以课程资源建设任务为契机，用"一小品质"锻造"一小品牌"

学校各学科骨干教师积极参与中国教育电视台与市、区级"空中课堂"直播课和录像课任务，截至 2021 年 10 月，学校共建设课程资源232 节。

未来，中关村第一小学将继续创新校本研修模式，促进师生持续地共同发展。每一位教师将在卓越团队的带动下自主发展，在学校大的研修氛围中主动适应、获得滋养，在自身不断发展与完善中实现自我超越，取得卓越成就。

🔍 案例分析

在中关村一小的校本研修案例中，我们可以重点关注学校校本研修的顶层设计，包括制度机制建设和研修课程体系建设。

制度保障与组织保障是校本研修这座"大楼"的"地基"。中关村一小将校本研修作为集团一体化管理的重要组成部分，从学校发展的战略角度认识校本研修的重要作用。该校结合校情所设计的组织架构和制度机制，为教师学习、研究和发展提供了持续动力和保障，也为研修课程的设计与研发、不同教研组的沟通与交流提供了可操作的实施路径。

中关村一小突出校本研修课程体系建设，以此驱动学校课程建设、教学研究及评价变革，指向激发教师成为课程改革和创新的主体。其所开发的"目标引领、互动分享、专题专攻、课程领导力和评价激励"五

类校本研修课程，实现了"目标明确、内容丰富、形式多样、平台宽广、分级清晰"，充分体现了系统性和针对性。引领性的课程内容和具有学校特色的创新模式能够促进教师深度参与、持续发展。

学校制度机制建设和研修课程体系建设的成果经验，其背后的支撑是学校文化和价值追求。"葵园文化"发挥了教师个体创造力与群体合作力，形成一种弥漫全校的"共情、共营、同学习"的氛围，并借助群体间持续不断的互动学习与实践，实现了教师群体的专业共生性发展。

分层分类　项目引领——校本研修课程为教师成长蓄力 [1]

《中共中央 国务院关于全面深化新时代教师队伍建设改革的意见》强调，"全面提高中小学教师质量，建设一支高素质专业化的教师队伍"。为此，北京石油学院附属小学（简称"石油附小"）在对全体教师进行充分调研的基础上，创新校本研修模式，加大校本研修力度，注重教师专业发展，推动学校教师队伍向结构合理、素质优良、精干高效和富有活力的方向发展，为学校的持续发展提供人才保障，以不断适应国家教育改革的新形势、新要求，推动学校素质教育的实施和特色建设，打造学校教育品牌。

---

[1] 本案例由北京石油学院附属小学提供，主要撰写者为肖英、贾素艳。该校获海淀区"十三五"时期"校本研修先进单位"称号。

一、校本研修保障与研修文化

学校以行政组织结构为项目实施结构的基础，融入学习型组织的管理理念，成立学校校本研修管理小组，构建校本研修"学校—年级组—教师个体"三级管理，保障校本研修的实施。学校尊重每一位教师的个性，赋予每一位教师独立的精神，鼓励每一位教师教出自己的风格。在"组内教研—集体备课—同伴互助—个人反思—专业引领—自我发展"的校本研修模式中，教师更加自觉地追求自己的专业成长，追求作为教师的专业幸福。"凝集体智慧、聚情感力量、修专业素养、品职业幸福"的研修文化得到了广大教师充分认可。

二、校本研修课程与研修模式

学校整体架构了石油附小校本研修课程，主要分为三类：分层培训、项目引领、分类培训。

（一）分层培训课程：主题模块有序列，梯度培训全覆盖

分层培训包括青年教师培训、经验型教师培训、骨干教师培训以及名师发展培训。

1.青年教师培训课程——深扎根，站稳讲台

青年教师培训课程分为"文化融入""职业规划""专业基础"和"能力提升"四大模块。文化融入模块包括学校文化和历史的学习。校长将学校文化、对青年教师的期待、学校规章制度融入专题讲座之中，助力教师尽快适应角色转换。职业规划模块，学校会让青年教师通过SWOT分析法，分析自己的优势与不足，以及需要学校提供的支持和帮助。每学期期末，干部和青年教师一起对照职业规划进行总结和反思，逐步将职业规划变为现实。专业基础模块分为两个专题，分别是基础课程和论

文指导。能力提升模块分为四个专题，分别是撰写教学设计、课堂展示、总结反思和固化成果。

2. 经验型教师培训课程——重分享，经验传承

经验型教师培训课程设置了经验传承（师徒结对）、智慧分享（讲座）和课堂示范三个模块。其主要内容是在师徒结对、妙招分享、课堂展示中实现经验的传承；在指导、分享、互动的过程中，帮助经验型教师克服职业倦怠，增强职业幸福感；在不断研课磨课、引领示范的同时，助力经验型教师吸纳和提升，促进其专业再发展。

3. 骨干教师培训课程——勇探路，突破瓶颈

骨干教师培训课程分为四个模块，重点聚焦骨干教师的组织规划、课程构建与实施、教学研究以及学术领导力的提升。第一模块包含两个专题，一是骨干教师通过自我分析进行职业规划，二是骨干教师接受沟通、协调、组织等能力提升的培训。第二模块是课程构建与实施，其主要意图是培养骨干教师的课程意识、课程（含校本课程）构建与实施能力。第三、四模块则是关于单元整体设计与实施。

4. 名师发展培训课程——深研究，形成风格

名师发展培训课程，主要以工作室的形式推动。工作室成员包括指导专家（导师）、骨干教师和青年教师，他们在一起形成专家、骨干教师、青年教师研修共同体。工作室在引领骨干教师专业再发展的同时，实现骨干教师和青年教师的共同成长。这类课程主要分为三个模块。第一个模块为规划方案，主要是导师与骨干教师一对一交流，明确骨干教师的发展需求。第二个模块是导师对骨干教师课堂教学持续诊断和引领，与骨干教师一同优化教学理念。同时，每次听课、磨课，青年教师要参与其中，共研共磨，促进自身的专业成长。第三个模块是在导师的引领下，骨干教师将其多年的教学经验进行成果提炼，最终完成反映其教学思想的书稿。

通过以上四个层面教师的培训，实现了教师培训的全覆盖，确保了教师队伍整体再提升和可持续发展。

（二）项目引领：先行探索后卷入

以项目为载体的校本研修，是石油附小多年推进教师专业发展的宝贵经验。"十二五"至今，学校一共深入开展的研修项目有课例研究、深度学习、教师课程构建和学生社会情感发展项目。

2015年至今，学校开展了历时近6年的深度学习项目。从开始的语文、数学、英语学科的先行探索，到后来的全学科深度卷入，各学科整体规划培训课程内容，并通过区级培训、学校引领深度理解、学科组深入实践三级教研进行推进和落实。

（三）分类培训：专项突破有重点，创新发展上台阶

学校规划并实施引领学校创新发展、特色发展、内涵发展的专项培训，实现重难点的突破。其中课程构建、具身学习、带班策略、心理健康等专项，既是时代所需，更是学校要突破的重点领域。

1.课程培训——提升课程构建能力

学校课程团队构建的课程包括课程理解力、课程开发力、课程实施力和课程评价力四大模块，共计150课时。分为三个阶段推进：确定石油附小学生发展关键素养、校本课程设计与校本课程实施。

课程核心团队从布卢姆教育目标分类学相关理论开始学习，对比国内外核心素养，阅读课程设计与实施等相关书籍。在此基础上，他们进行学生关键素养的头脑风暴，结合中国学生发展核心素养，并最终聚焦责任心、同理心、探究力、创新力、人文传统和国际视野六个关键素养。有了顶层设计后，在参考各学科课程标准的基础上，课程核心团队制定了石油附小校本课程标准，并依据统一的课程方案，进行跨学科课程构

建，完成了人文系列、环保系列、健康系列各两个单元课程的规划。最终，三个课程小组于2018年启动了校本课程的实践环节。课程团队的老师们，亲自备课、上课、观课、评课，促进了校本课程的再度调整与完善。

2. 具身工作坊——突破戏剧教学瓶颈

SPR全景式英语校本课程一直是学校英语组的特色课程，尤其是中年级段的短剧表演更深受学生喜爱。在北京师范大学专家的引领下，学校成立了为期两年的"基于具身学习的教师自我效能感提升"项目。该项目分为两个阶段进行课程培训。第一阶段通过教师身体的感知与激活、身体与环境的互动感知体验、如何讲好一个故事和教室中的教育戏剧活动设计等培训项目，对教师进行相关理论培训。第二阶段以具身学习示范课展示和具身学习主题培训为主，通过课例研修的方式形成相关研究课。具身工作坊培训改进和丰富了教师的教学方式，进而也提升了学生的创造力和学习力。

3. 班主任专业培训——打造学习共同体

班主任专业培训聚焦建设班主任发展共同体，引领班主任专业发展。其中，新任班主任培训专注于班级日常管理能力的提升，重点解决实际问题，以案例研究为抓手。青年班主任培训则着眼于科学、理性、系统的班级文化构建，以及班主任基本功比赛的学习与历练。全体班主任共同关注带班实际效果。此类培训采取线上、线下相结合的方式进行。

4. 心理健康培训——读懂学生，科学育人

心理健康培训模块包括育人策略与方法研究、读懂学生、教师心理健康促进研究、学生心理问题识别与干预、家校共育研究等课程。此类培训旨在让教师读懂学生身心发展规律，关注学生的心理健康，具备一定的处理、判断学生心理问题的能力；了解家庭教育，掌握家庭教育指

导的基本策略、方法；具备一定的自我心理调适能力，提高职业幸福感。

三、教研组建设与区域辐射

1. 教研组研修——构建研究共同体

构建学校研究共同体，抓好教研组长、骨干教师和青年教师三股力量。教研组长的研究力、执行力和组织协调能力直接决定一个组、一个年级和一个学科的发展。骨干教师是学校的领军人物，一般承担项目研究和科研课题负责人任务，他们的示范与引领作用不容忽视。青年教师则通过撰写个人成长规划，变"要我发展"为"我要发展"。因此，教研组在研修过程中要有任务分工：组长负责制定研究方案；骨干教师负责专业引领，把握研究方向；青年教师承担研究课。三股力量共同发力，确保教研组研修取得实效。

2. 项目实验校——引领辐射共发展

2015年，我校语文、数学、英语学科成为教育部基础教育课程教材发展中心（简称"课程中心"）"深度学习"教学改进项目实验校。学校代表海淀区在教育部课程中心"深度学习"教学改进项目中期总结会上做典型发言，并受教育部邀请，先后到重庆、临沂实验区进行经验介绍。海淀区在我校召开了"深度学习"现场会。在会上，学校各学科进行了现场课展示和经验交流。语文、数学、英语学科多次承担全区现场会任务，引领海淀区各学科"深度学习"教学改进项目的研究。通过研修、实践与研究，教师的综合素养、"实战"能力都得到了大幅度提升。

四、校本研修成效

学校有9门课程被评为海淀区"十三五"时期校本培训精品课程，其中骨干教师培训课程入选《中小学骨干教师研修指南》一书。2019年，学校被评为北京市中小学教师教育基地学校。学校在区级及以上层面多次做典型发言与经验介绍。数学学科组正式出版了《小学数学综合实践活动课程设计与实践》，其中一篇案例入选《深度学习：走向核心素养（理论普及读本）》一书。学校教师共有202篇论文在全国及市、区级获奖，25篇论文发表。9名教师被评为北京市骨干教师。

扎实有效的校本研修课程在助力教师专业发展方面已初见成效。在今后的工作中，学校将进一步加强校本研修工作的力度，继续以全面提升教师的整体素养为核心，促进教师不断实现新的、更高水平的专业化发展。

🔍 ┃ 案例分析 ⋯⋯⋯⋯⋯⋯⋯⋯⋯⋯⋯⋯⋯⋯⋯⋯⋯⋯⋯⋯⋯⋯⋯⋯

该案例第一个特色是学校构建了"面向全体、整体提升"与"突出重点、分层分类"相结合的校本研修课程体系。全员培训与分层分类培训相结合，既关注了整个教师队伍的必备素质和专业水平的提升，也把握了不同阶段教师的专业发展特征以及教师发展需要突破的关键点。学校以严谨的逻辑、专业化的方式科学设计了架构清晰、梯度合理的校本研修课程，形成分层、分类、分项目教师培训培养体系，满足不同教师群体的多样化、个性化需求；形成目标明确、路径清晰的专业发展进阶路径，为不同阶段的教师提供专业支持。课程能够聚焦主题，具有明确的目标。学校依据目标开发课程模块，根据课程模块细化课程内容，选择适切的培训方式。

第二个特色是设计了具有前瞻性的培训项目和内容，既立足当下，又面向未来。一方面，学校贴近实际、立足当前教师发展阶段的实际需要，设置了面对不同发展阶段教师的进阶性课程内容，尊重教师专业发展的规律，把握教师专业发展不同阶段特征及面临的主要问题。主题模块有序列，梯度培训全覆盖，做到了按需施训。另一方面，学校又超越当前需求，根据教育发展对教师提出的新要求，基于学校创新发展、特色发展和内涵发展的新趋势，引领教师的可持续发展，如开展了课程建设、具身学习、深度学习、心理健康等专项培训。

促进教师从关注"教"走向关注"学"的校本研修①

一、研修课程设计

（一）研修对象

研修对象为北京市十一学校一分校全体教师。

（二）需求分析

北京市十一学校一分校（简称"一分校"）是一所由两个薄弱学校合并组成的新学校，建校之初就提出"建一所家门口的受人尊敬的好学校"的办学目标。随着具有高学历的新教师的大量引入，如何快速地促进新教师的成长，如何发挥原有教师的作用，助力经验型教师的专业发展，促进全体教师从关注"教"走向关注"学"，使课堂走向优质，成为摆在学校面前的挑战。

基于现状，我们对老师们进行了访谈调研，以了解不同类型教师的真实需求。访谈主要围绕三个开放性问题展开：①您最近两年的成长计

---

① 本案例选自《打造区域优质校本研修生态——海淀区"十三五"校本研修案例集》，获海淀区"十三五"时期校本研修案例评选一等奖，由北京市十一学校一分校提供，主要撰写者为杨晓蕾。

划是什么？②在完成成长计划的过程中您需要哪些支持？③您了解学校现在正在开展的一系列教学变革吗？基于理论层面你是如何理解的？可以结合马扎诺教育目标分类理论、追求理解的教学设计（UbD）理论、评价量规理论展开解读。

访谈结果表明：新教师在了解一分校办学理念和课程理念的同时，需要尽快适应学校日常教育教学工作，站稳课堂，走在课堂教学变革的前沿。而经验型教师则需要借助更多的分享与展示平台，将学校教学变革的理论成果付诸课堂实践，以便其更好地突破自身瓶颈，获得专业提升。

（三）研修主题

研修主题是："基于标准的学习"——从"教"走向"学"之课堂观察。

（四）研修目标

1. 能够在与同伴的合作学习中加深对教育目标分类理论、追求理解的教学设计理论、评价量规理论的理解，提炼总结评价量规制定的策略，开启自我系统，唤醒元认知，从关注教学行为走向关注学习行为。

2. 能够积极主动地参与课堂观察活动，并在此过程中能够与同伴进行深度交流。

3. 能够主动将学习成果付诸课堂实践，并及时反思教学行为以及教学效果。

（五）研修学时

研修课程共 40 学时。

（六）研修课程

研修课程见表 1。

表 1　研修课程表

序号	研修专题	研修目的	研修形式
1	学校行动纲要研读	理解行动纲要的内涵，初步建立"以学生为中心"的价值观，为从"教"走向"学"研修课程的开启奠定基础	小组学习
2	课堂链条解读	精准分析学校的现状，深度理解课堂链条，指明从"教"走向"学"的转变的必要性	讲座
3	"基于标准的学习"专题阅读	初步建立"基于标准的学习"课堂链条，理解逆向设计的意义；确定预期结果，明确学习内容的优先次序	小组学习
4	逆向设计课堂实践	内化前期学习成果，用理论指导实践，深入理解逆向设计	讨论 教学实践
5	逆向设计教学案例分享	理解"基于标准的学习"，以具体案例推动课堂变革，从"教"走向"学"	沙龙
6	基于设计的课堂观察	深入理解"基于标准的学习"，在实践中实现教与学的转变	教学实践 听评课 讨论
7	课堂观察维度研究	形成全体教师认同的课堂观察表，引导教师从关注自己的教学行为向关注学生的学习过程转变	讨论
8	向课堂深处行走	运用课堂观察表对课堂教学行为深入分析，实现教学方式变革	教学实践 听评课 讨论
9	"基于标准的学习"年会分享	基于课堂实践的成果展示，交流分享，推动课堂观察深度进行，进一步促进教师专业化发展	分享

二、研修实施过程

（一）研修准备阶段

1.明确研修课程目标

2017 年，一分校开始跟随北京市十一学校的步伐开展课程变革，从"教"走向"学"的课堂观察，开始走向研究的深水区。如何借助校本研修课程，将理论付诸实践，推动课堂变革，使教师获得专业成长，这是摆在学校和老师们面前的一大挑战。基于此，我们明确了研修目标，聚焦课堂教学，将教学理论付诸实践，助力教师专业成长，达成教育共识。

2. 组建观察员团队，建构课堂观察主题研修课程

我们组建了以学校课程中心为核心、各学科主任及学科骨干教师为专家的课堂观察团队，建构为期1年的课堂观察主题研修课程。具体课程参见表1。

（二）研修过程

1. 研读行动纲要，形成文化认同

研修伊始，老师们以小组自主学习的方式深度研读北京市十一学校一分校行动纲要，明确认识到：学校的每位教师都是课程的开发者与建设者，每位教师都要有课程资源意识。

2. 通过研讨交流达成共识，开启"基于标准的学习"

通过开展自主学习，教师达成共识，明确学习者行为模式，深度解读马扎诺行为模式的四个系统（自我系统、元认知系统、认知系统、知识系统）及其如何各司其职、依次发挥作用。

3. 通过理论学习，为实践奠定基础

课程的推进需要一定的理论基础作为支撑。学校课程中心联合教师发展中心为老师推送阅读《教育目标的新分类学》《追求理解的教学设计（第二版）》《如何编制和使用量规》等书籍。教师通过自主阅读、小组交流进行理论学习，为课程实践奠定基础。

4. 理论指导实践，制定课堂观察工具

在全面推进"基于标准的学习"的过程中，把研究问题转化为具体的观察点，将复杂的课堂情境拆解为一个个空间单元，透过观察点对内容进行描述、记录，对结果进行分析、推论、反思，借此寻找教学中的

不足和亮点。

基于对课堂链条（见图 1）的梳理，以及对学生学习链条的梳理，形成教学目标、个体关注、学习落实、问题设计、自主学习五个课堂观察维度。明确具体的观察点和观察指向，逐条指导教师的教学行为，引导其更加关注学生学习的过程，而非教师教学的过程。

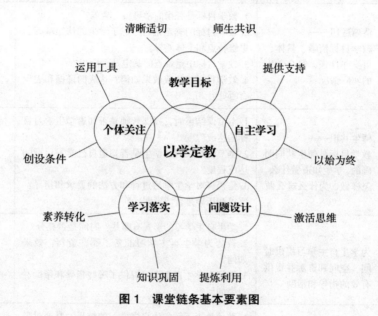

图 1　课堂链条基本要素图

5.明确目标，深度研究观察维度

经过阶段性实践，在实施过程中我们也进一步明确这五个维度之间的关系，不断地思考，哪个维度才是课堂中学生学习的关键驱动点？深入学习之后，我们认为教学目标是教学的出发点和归宿。所以，我们改变了课堂观察的操作规则，从原来的"5选1"模式变成"1+1"模式，即教学目标加一个其他维度（见表 2）。而听课的观察员也转变为从单一维度向多维度的观察。

表2　北京市十一学校一分校课堂观察表

授课教师：_____　课题：_____
观　察　人：_____　时间：_____年____月____日

观察维度	观察点	观察指向	观察记录
教学目标	清晰适切—— 教学目标清晰、具体、可操作性强，符合学生的实际情况	1. 教学目标是否指向学科核心素养？ 2. 教学目标的确定是否考虑了学生的认知基础、思维特点和个体差异？ 3. 教学目标中重难点的确定是否恰当？ 4. 教学目标的达成效果如何？达成的证据和表现有哪些？	
	师生共识—— 教学目标是师生共同明确的，学生知道做什么、怎样做、为什么这么做	1. 本节课结束时，授课教师是否知道学生学习目标的达成程度？ 2. 本节课结束时，学生是否知道自己学习目标的达成程度？ 3. 是否有对学生学习过程和方法的要求和指导？要求和指导是否清晰明确？	
自主学习	提供支持—— 为学生自主学习提供时间、空间和资源并提供有效的指导和帮助	1. 学生自主学习的形式有哪些？时间是否充分？ 2. 教师为学生自主学习准备了哪些资料？效果如何？ 3. 教师为学生自主学习提供了哪些指导和帮助？效果如何？	
	以终为始—— 了解学生自主学习的结果，并基于这种结果开展后续的教学	1. 教师是否了解学生自主学习的结果？是通过哪些方式了解的？ 2. 基于学生自主学习的结果，教师的教学设计做出了哪些必要的调整和变化？ 3. 教师是否重视学生自主学习过程中产生的新问题和新想法？针对这些问题和想法，教师是如何处理的？	

6. 转变观察视角，把教学目标转化成学习目标

在研究的过程中，我们发现，当教学目标转化成师生所共同达成的学习目标的时候，学习才可能真实地发生。基于此，我们把课堂观察维度中的教学目标转变成学习目标，在观察指向上特别强调：学习目标的

制定是否将课堂主体定位为学生；学习目标达成的过程中，是否能够让不同思维层级水平的学生均有所收获。但在课堂观察的操作上依然采用"1+1"模式。此外，为了做到课后授课教师与观察员对收获的双向反思，我们会在课后邀请观察员参与听课观察，并与授课教师一起进行反思交流。

7. 年会分享，初步展示成果

学校召开了从"教"走向"学"的教育年会——"寻真致远，为孩子的生命成长觅渡"。年会对一年来学校在"基于标准的学习"研究与实践方面取得的丰硕成果进行梳理与回顾。从"挖掘教学工具"和"聚焦核心任务"两个方面诠释一分校人的不懈努力与探索。

（三）研修成效

1. 各学科均在 UbD 理论指导下尝试开展逆向设计，进行学科内部的大单元整合或重构，提炼出大概念、核心问题、核心任务、子任务、评价量规等，助力教学并使学生的学习过程尽量清晰可见。

2. 基于课堂观察的视角，研制出课堂观察维度和课堂观察表，助力学校教师基于不同的观察维度对课堂进行把控，基于不同的设计理念与切入视角，形成富有创造性的教学案例。

3. 形成了不同的学习产品，以加深学生对学科知识的理解，从而实现学习迁移，如自制计数器、手指盒子、情节曲线等小工具。借助工具帮助学生开展学习，实现从"教"走向"学"的转变。

4. 从"教"走向"学"之课堂观察，形成了多篇教学设计和教学反思。教师能够根据评价量规等对学生进行学习监控。

5. 助力青年教师"站稳"课堂，助力"经验型"教师掌握教育新理念，使他们在相互学习、共同进步的氛围中，达成教育共识，形成教育共同体。

三、研修反思

本研修最大的亮点是开启了教师和学生的自我系统。教师以研究的心态开放课堂，使学生的学习真实发生。借助课堂观察，打破了学科壁垒，实现了不同学科之间相互学习，不同年级教师之间相互交流的良好氛围。

经过一年多的课程研修，我们发现，经验型教师的专业化成长速度明显快于青年教师。那么，如何借助课堂观察进一步加速青年教师的成长？后续我们在课堂观察的基础上，将以小范围一对一的研修方式加速青年教师的专业成长。

🔍 案例分析

北京市十一学校一分校面向全体教师开展的主题研修，具有鲜明的时代特点、学校特色，引导教师从关注"教"走向关注"学"，从而使学生的学习真实发生。本案例在研修主题和目标确定、课程设计与实施方面具有以下特点：

第一，研修主题聚焦学校和教师面临的最重要、最迫切需要解决的难题。主题的确定，基于新时代教育改革发展的大背景，基于学校当前所处的发展时期与面临的挑战，基于教师的专业发展现状与需求调研，把研修问题主题化，促进全体教师从关注"教"走向关注"学"。

第二，研修目标清晰、明确，具有可操作、可达成、能落实的特点。在内容维度上，既有知识维度的目标，又有能力维度的目标，尤其需要关注的是，还有体验与发展维度的目标，例如，"积极主动地参与课堂观察活动，并在此过程中能够与同伴进行深度交流；开启自我系统，唤醒元认知"。

第三，研修课程的设计与实施，通过任务驱动促使全体教师深度卷入，通过团队建设激发教师的主体性和创造性。研修课程一体化系统设计，遵循学习者的认知逻辑，理论与实践相结合，运用课堂观察表对课堂教学行为深入分析，引领教与学方式的变革。此外，在研修实施的过程中，还非常注重研究引领，在理论指导基础上，开发并迭代升级课堂观察工具，为教师的课堂教学改进提供评价标准；重视团队建设，通过小组学习、讨论、沙龙等研修方式，营造浓厚的学习氛围，形成良好的团队文化，使教师之间相互促进、共同发展。

小学语文教师单元整合教学设计与实施培训[①]

一、课程背景

部编版小学语文教科书围绕"人文主题"和"语文要素"双线组元，加强了不同年段、不同册次之间的纵向联系，加强了单元内部的横向联系，使各板块内容形成合力，还形成了"精读""略读""课外阅读"三维一体的阅读体系，共同促进学生发展。这样的教材编排特点，需要教师认真解读教材，抓住单元目标和教材内容的横向、纵向联系，进行整体的、系统的、有逻辑的教学设计，课内、课外阅读有机融合实施。

学校通过日常听课、观察发现：小学语文教师不分课型、平均用力，

---

① 本案例选自《海淀区"十三五"校本培训精品课程集（小学）》，由北京市育英学校提供，主要撰写者为王在英。

碎片化教学现象严重；语文教学耗时多、效率低的弊病一直未得到有效解决；教研组的教研内容和形式主要体现在统一教学内容和进度等常规性活动方面，缺乏创新性和实效性。调研表明，教师迫切需要源自课堂实际问题解决的教研，比如教法研究、教学环节优化等。

　　语文学科是语言学科，同时也是思维学科。在语文教学中，对语言和思维同等重视，这是众多国家母语教学的现状，也是世界性的趋势。"思维的发展与提升"是语文学科核心素养之一。学校从"发展思维为先，把发展学生的思维能力作为最终目标"的角度研究语文单元整体教学，把课外阅读、语文活动纳入教学计划和课时当中，突出整本书阅读教学的作用，倒逼教师重视对学生思维的培养，通过单元整合教学来提高课堂效率；使教师为完成这一挑战性的任务而开展团队合作，集智研讨，并积极主动地自主进行业务学习；研、训、学一体，共同促进语文教师队伍专业发展。

二、课程目标

　　小学语文教师单元融合教学设计与实施培训课程的总目标是：以理论课程为引领，以课堂为阵地，以单元整合教学设计与实施研修为依托，教研组成员结成学习共同体；通过理论学习、课例设计、教学实践、反思提升、展示分享五个环节，形成共生互进、互补的"学习链"；以读书沙龙、专题讲座、课例观摩、教研邀约、工作坊等方式，增强教研组团队研究的凝聚力，提高教师专业化水平，使学校教研组真正成为富有生命力的学术团队。

　　下面是不同阶段的课程目标。

　　第一阶段：通过阅读和交流理论专著、文献，促进对现代语文教学理念的思考，从而转变教学观念。

第二阶段：以一个单元整合教学为例集体研讨，形成单元实施方案，初步获得实践经验。

第三阶段：通过"认识—实践—总结"不断循环往复的研讨过程，在区域联动教研、教研邀约、工作坊中提升单元整合教学设计与实施能力。

第四阶段：通过反思总结，梳理提炼，形成单元整合教学精品案例，并将之推广、发表。

三、课程内容

本课程在专家的引领下，立足课堂教学，坚持问题导向，教研组团队合作，自主实践领悟，完成三个模块的研修，即理论学习、行动实践、成果固化。（见图1）培训课程的三个模块遵循"认知—实践—总结"的流程，相互渗透，相互融合实施。（见表1）

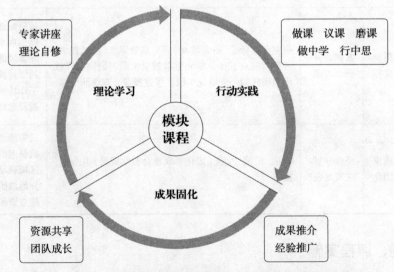

图1　小学语文教师单元整合教学设计与实施教师培训课程模块

表 1 小学语文教师单元整合教学设计与实施教师培训课程表

序号	课程模块	课程单元	课程内容	活动形式
1	理论学习	理论研讨自学共修	专著:《论教学过程最优化》《叶圣陶语文教育论集》(上下册)《教会学生思维》《语文思维培育》《语文对话式教学》《朗读手册》《阅读的力量》《小学语文教学专题案例透析》《教育是向学生传递生命的气息》 文章:邵克金,徐林祥:《新中国成立以来现代语言学对我国语文教育的影响及启示》;黄晓丹,武凤霞:《做会为自己选书的阅读者(上下)》;郭史光宏:《打造阅读环境》《阅读第一:所有学习的基石》;崔允漷:《让学科教育"回家"》《素养本位的单元设计》《评价是教育专业化最后的堡垒》;崔峦:《统编小学语文教材与教学》《言意兼得》;王在英:《"为思维而教"单元整合教学设计与实施》	专家报告答疑互动话题讨论
		读书分享交流碰撞	读后有感、思想采撷、观"我的教学"、好书推荐、导读、一书一得、一文一议	读书沙龙
2	行动实践	案例研讨研课磨课	研究课程标准、研究教材、研究高效课堂、反思教学,开展"三点五步"单元整合教学实践与研究。以教研组团队为一个研究小组,接龙授课,观摩研究课	做研究课课例观摩评课议课同课异构工作坊教研邀约
3	成果固化	经验分享成果发表	展示、汇报、交流,固化单元整合教学成果,并分享、发表	成果推介会教研邀约区域联动教研异地教研建立资源库

四、课程实施

通过不同模块的课程内容研修,增强教研组团队研究的凝聚力,焕发语文教研组的生命力,快速提高教师专业水平,打造专业化的学术团队，彰显校本研修特色。

1. 理论学习模块：全员研修，思想引领

教师读教学理论专著和文章，写读书心得。学校组织读书沙龙，让教师分享交流。通过专家引领，教师能够进行自主对话，更新观念，提升认知，并从宏观理论到微观教学实践层面进行系统的学习和理解，为下一步的行动实践作铺垫。

2. 行动实践模块：团队合作，行动实践

行动实践分两个阶段，第一个阶段是以教研组为研究团队，在学习理论和具体设计方法的基础上进行单元整体方案的设计；第二个阶段是上课，进行课例研究。行动实践遵从"集智设计—研讨式审核—上课、说课、议课—反思、再磨课—展示、总结"五个环节进行。

3. 成果固化模块：反思评价，分享固化

将比较完善的课例在学科组、全校等范围内进行展示、研讨，听取更多同行的评价。然后进行反思，对亮点加以梳理并固化成果，将之收录到学科资源库。

五、课程评价

本培训课程的评价关注教师发展的多样性、阶段性，以成果为导向，促进教师可持续发展。评价方式多样化，真实性评价与表现性评价相结合；个人表现与小组表现相结合；形成性评价与终结性评价相结合。参与评价的主体多元化，包括学校管理层的评价，教研组自评、互评，专家、同行的评价，学生的评价等。评价不仅关注表面的材料积累，更注重常态化的校本研修质量。对单元整合教学设计的评价指标见表2。

表2 小学语文教师单元整合教学设计评价指标

评价维度	具体内容
单元教材分析	基于对单元内容和学习者的分析，明确本单元在小学阶段的学习中所处的位置、作用和具体要求，即本单元教学与其他单元的关联性和独特性，正确把握课程标准学段要求和本册教学内容
单元教学目标	以学生核心素养发展为核心，聚焦人文主题和语文要素，明确本单元核心内容、应形成的学科思想方法和价值观念、应发展的学科关键能力，体现素养发展的整体性和进阶
单元教学结构	聚焦单元学习主题和语文要素，优化教学内容和教学过程，整体规划教学结构，系统设计不同课型的课时教学任务群，明确课时安排，呈现课时之间富有逻辑的关系
单元教学过程	明确单元整体任务情境，各课时教学环节的情境、资源、任务及设计意图；单元学习过程整体上体现思维发散与聚合的过程，最终落实到有效表达，促进素养提升，落实教学目标；学习任务有空间、有挑战，主次清晰，有逻辑性，兼顾学生差异性，与教学目标匹配度高
学法指导	单元学习体现方法渗透、方法指导、方法迁移运用的过程，注重学生自主学习能力和迁移运用能力的培养
对话式教学	突出言语思维的核心价值,运用启发式、讨论法、抛锚式对话教学,创设互动对话、自然生成、教学相长的课堂生态
课程意识	充分发掘和利用身边的课程资源，引导学生学会使用各种学习资源，并不断创造使用这些资源的机会；拓展与课文人文主题或语文要素紧密相关的资料，深化与提升认知、情感或能力
学习方式	通过搭设有效的方法支架、学习支架，如学习单等，从学生的活动出发设计自主合作探究的内容，给予学生充分阅读、讨论、思考、实践、交流的空间和时间
情境激发	积极创设真实情境或通过多媒体创设接近真实的情境，利用生动、直观的形象有效地激发联想，唤醒长时记忆中有关的知识、经验或表象，通过"同化"与"顺应"过程（即对原有认知结构进行改造与重组），达到对新知识意义的建构
作业设计	统筹规划单元作业，将单元学习内容有效分解到课上课下、自主或有教师指导下的学习过程中，并根据学生实际情况分层设计，加强实践性，提升学生的语文综合素养

六、总结反思

本培训课程的特色与亮点如下。

1. 突出实践导向，聚焦教师发展。本课程以课例研究为载体，立足课堂教学。

2. 立足减负提质，锻造高效课堂。"三点五步"单元整合教学模型把握了学科本质、教学规律、学生的认知规律、思维发展规律；单元目标聚焦，能力训练主线清晰，课时目标逻辑清晰，学生所得深刻。

3. 强化团队合作，促进共同成长。单元整合教学研修强调教研组的主体意识、团队合作行动；允许教师在团队行动研究过程中自主探索、试误，使教师以过程参与为重，在问题解决中发展、进步；充分挖掘和发挥每个教师的作用，通过多元、多样的评价，激发教师自主提升的积极性。

案例分析

北京市育英学校小学语文教研组重视学科教师的专业发展，注重需求导向、研究引领、研修课程的系列化设计和多样化实施，有效地推动了教师学习，确保教研组研修取得实效。该案例为教研组研修设计与实施提供了良好的实践范例。

第一，研修课程主题聚焦真实的实践困惑和需求，直指本学科教师的痛点，具有很强的针对性与实践价值。该案例基于问题导向、实践导向，紧扣教师发展实际需求，针对语文教学中单元教学主题不突出、能力训练主线不明确、教学目标逻辑不清晰等问题，聚焦"单元整合教学设计与实施"主题，提升教师单元整合教学设计与实施的能力。

第二，研修课程设计遵循"认知—实践—总结"逻辑，实现教师经验的丰富、优化和再造。"理论学习、行动实践、成果固化"三个模块相互渗透，相互融合。课程设计具有内在的一致性，逻辑连贯、逐层推进，理论课程与实践课程相结合，通过"理论学习（输入）—案例研讨（调动已有经验、内化）—实践应用（输出、改进）—总结反思（提炼经验）"，促使研修目标的达成。

第三，研修课程实施强调教师的参与和互动生成，促进策略方法的实践应用与行为转化。以教研组为研究团队，营造了良好的研修文化，采用专题讲座、读书沙龙、课例观摩、座谈研讨、教研邀约、工作坊等多种研修方式，集个人实践、同伴分享、专家引领、团队共创、实践改进于一体，充分发挥每一位教师的主动性、积极性和创造性，促使教研组全体教师全程深度参与，并获得能力发展。

初中语文教师整本书阅读教学设计与实施培训①

一、课程背景

整本书阅读在统编教材中的地位举足轻重。一方面，整本书阅读活动涉及的能力要素多，各能力要素在阅读过程中同时发挥作用，是发展学生综合能力、提升学科核心素养、逐步形成适应个人终身发展和社会发展需要的必备品格与关键能力的良好载体。但另一方面，整本书阅读任务重且复杂，教师已有阅读积淀往往有限，缺乏教学经验。这些就决定了教师迫切需要通过专家指导、他人帮助以及自身努力来解决"整本

---

① 本案例选自《海淀区"十三五"校本培训精品课程集（中学）》，由北京市第十九中学提供，主要撰写者为邢香英。

书阅读教学设计与实施"难题。

二、课程目标

1.总体目标

建立初中语文教师全员参与的学习共同体，在听讲、观摩、评课、实践、提炼、分享、再实践中，不断更新教师在整本书阅读教学方面的理念与认识，丰富教学策略方法，提升设计与实施能力。

2.具体目标

通过系列培训活动的开展，教师能够深度阅读要求学生阅读的书；能进行整本书阅读教学设计，从能开设课到开好研究课，开展丰富多彩的学科实践活动；能在实践中提炼教学策略，在课题的引领下，形成成果，进一步优化教学设计；最终，在校、区级活动展示中，能起到带头与示范作用。

三、课程内容

课程内容见表1。

表 1 课程内容一览表

序号	课程模块	课程专题	内容要点	活动安排
1	教学理论	研读中国学生发展核心素养、课程标准及理论	全员学习中国学生发展核心素养、义务教育和高中语文课程标准中整本书阅读的相关内容以及其他理论文献	教研组长讲座
		整本书阅读教学设计与实践	基于教情、学情，专家结合具体课例介绍整本书阅读教学设计与实践	专家进校讲座
		整本书文学与教学价值研究及案例学习	开展整本书文学与教学价值的研究，以及难点突破策略与教学案例的学习	线下文献学习、线上网络资源学习

序号	课程模块	课程专题	内容要点	活动安排
2	教学实践1	整本书阅读教学设计与实施	针对具体学情和教情展开探索，根据目标进行规定范围内整本书阅读的教学设计与实施	双周开设研究课，集体观摩、评课与研讨
3	实践交流	整本书阅读理论、心得、教学策略等的深度交流	围绕大家急需的阅读理论、阅读心得、整体方案设计、教学策略等，开展有主题的分享交流	主题式教研、同伴深度分享
		整本书阅读教学优秀案例的分享与学习	分享优秀案例，同伴学习实践中成功的做法	同伴互助、案例分享与学习
		整本书阅读教学实践课堂，现场观摩	走进名校名师课堂，接受整本书阅读实践指导	外出观摩学习
4	教学实践2	整本书阅读学科实践活动	任务驱动：开展贯通阅读的学习任务单设计和多样学科实践活动	小型任务随时开展、大型活动定期展演
5	课题指引	整本书阅读教学实践的反思提炼	课题研究，反思教学中的成效与不足，提炼总结，形成成果	与市级课题结合，与教同步，随时提炼
6	总结提升	阶段性总结汇报	就整本书教学设计与实施进行阶段汇报，通过现场课例展示师生风采，就关键问题开展现场教研活动	参加区级校本研修交流活动
		总结提炼典型课型	总结30节研究课，提炼典型课型，分享成果，共同成长	在教研组会汇报交流
7	考核评价	制定考核评价方案并考核	制定考核方案，并根据方案考核每位老师，对优秀个人和备课组进行表彰和奖励	依据方案考核并表彰

四、课程实施

（一）教学理论

1. 研读中国学生发展核心素养、课程标准

在学期初教研组会上，我们带领大家学习中国学生发展核心素养和《义务教育语文课程标准（2011年版）》《普通高中语文课程标准（2017年版）》中整本书阅读的相关内容及其他理论文献。

2. 专家指导整本书阅读教学设计与实践

邀请吴欣歆等专家进行现场指导，在此过程中设计与专家近距离交流环节。同时，老师们外出进行各种高端培训，如海淀区教师进修学校师训部组织的"整本书阅读"培训、教育科学出版社主办的高端论坛。

3. 整本书文学与教学价值的研究及教学案例的学习

教研组给老师们提供学习书单，基于混合式学习理论，从名著文本的阅读到相关研究书籍的钻研，从纸质书籍到电子平台，引导教师根据需要与兴趣展开自主学习，研究整本书的文学与教学价值，学习难点突破策略，研究教学案例。

（二）教学实践1

集教研组团队力量，以两周一次的"整本书阅读"研究课为杠杆，撬动培训课程的推进，最有效地调动大家的积极性，提高教学的有效性。

1. 分析教情、学情，明确开设研究课的整本书范围

学情是教师实施教学活动的前提和基础。学生存在不阅读、较浅阅读、缺乏阅读方法等问题。这就需要老师在激趣、学习任务单和活动设计、课堂指导上下功夫。

教情是影响学生发展的关键因素。教师存在缺乏经验、教学随意、纸上谈兵等问题，这就需要相应地发展教师专业素养。

开设研究课的整本书包括:《义务教育语文课程标准(2011年版)》中推荐的部分名著,统编教材中每册必读的两本精读名著。

2.根据不同文本特点从不同角度设计两年一贯的研究课课程

以第二学年第一学期为例,双周开设了8节研究课,分别是:散文集《朝花夕拾》的人物专题与主题探究,古典神魔小说《西游记》的人物、环境、"跳读与精读"阅读方法专题和"成长"主题探究,外国讽刺小说《格列佛游记》的读书交流会,纪实文学作品《红星照耀中国》的人物与长征专题探究,科普作品《昆虫记》的"科学性 + 文学性"阅读方法专题探究。

计划两年开设涉及古今中外、不同文体的30节整本书教学研究课。研究课安排的著作和开设的具体时间要根据区级规划、教材安排、师生需求来确定。

3.根据文本体裁、特点,依据学情进行整本书阅读的教学设计

将整本书进行文体分类,以便教师依据文体特点进行教学设计。例如,语录体文化经典、小说、散文、科普作品、纪实文学作品、戏剧等。

教学设计需考虑:情节、人物、环境、主题、写法、阅读方法;红色经典的文学性;科幻小说、纪实与科普作品的科学性、文学性;单元整体教学。

研究课形式宜丰富多样:名著导读激趣、疑难突破指导、读书交流、精读演讲汇报、以读促写、阅读方法指引……

注意:授课教师要先独立备课,目的是保护老师的独特发现或独立思考。

4.根据制定的观课量表（见表2），老师们认真观摩研究课，进行观察记录，并在课后及时评课

表2 "基于学情分析的课堂教学设计与实施"观课量表

维度	观测点	分值	观察结论	观察证据
维度一：教师了解与分析学情	1.陈述学情并说明依据 2.提出解决方法并说明			
维度二：师生共同明确学习目标	1.学习目标清晰、适切、可操作 2.学生清晰本节课做什么，做到什么程度			
维度三：创造充分的自主学习机会和平台	1.给学生提供自主学习的时间、空间、资源、策略、方法 2.基于学生的自主学习展开教学			
维度四：设计激活学生思维的有效问题	1.根据学生的经验或创设情境，设计有挑战的问题 2.识别和利用学生有价值的问题			
维度五：从过程和方法切入，重视知识落实和能力提升	1.用多样、适切的方法理解巩固基础知识 2.在体验、探究、任务驱动等多种学习经历中提升学科能力和素养			
维度六：关注学生差异，实施个别化教学	1.创设支持个别化学习的环境 2.使用推进个别化学习的工具、策略、方法			

以上每个维度满分均为5分，分为"很充分（5分）、充分（4分）、一般（3分）、不足（2分）、很不足（1分）"五档。

教师熟知并从上表六个维度进行课堂观察。量表使用前，要先了解授课老师的教学设计和学情；使用中可多人分工配合，做好记录；使用后分析并及时反馈给授课教师。

授课教师要就选题、准备、难点、困惑及是否达成目标等与大家交流。之后，老师们真诚开放地评课，如针对活动设计、难点突破、深度设定等方面进行中肯的评论、探讨。

（三）实践交流

1.主题教研：整本书阅读理论、心得、设计与实施策略等深度交流与分享

教研组安排骨干教师就大家实践中急需的知识进行交流分享，例如：如何合理地解读整本书，有效解读流程是什么，整本书阅读常用的教学策略有哪些等。

之后，教研组安排主讲教师结合自己的阅读与实践深度交流分享，包括整体方案设计、教学策略的迁移运用、学科实践活动策略等。

2.同伴互助：整本书阅读教学优秀案例分享与学习

在教师独立备课的基础上，教研组在固定时间、地点进行内部交流，备课组内、组间教师经常互相听评课，相互取经，助己成长。

教研组推举出优秀的教学案例，让优秀案例设计者、研究课成功开设者在教科研年会上与教师分享交流，助推同伴成长。

3.走近名师：走进整本书阅读教学实践课堂，现场观摩学习

在教学实践存有困惑时，学校安排教师外出学习，如到中国人民大学附属中学、清华大学附属中学等校实地观摩，学习借鉴。

（四）教学实践2

指引教师开展整本书学科实践活动，借此提升教师专业能力。通过任务驱动的方式，教师根据所教与学生所需进行以书中人物、情节、问题、主人公的成长等为主线的学习任务单设计，引领学生贯通阅读。每学年，教师开展或参与一次大型学科实践活动，如整本书课本剧展演等，教研组在活动形式、组织实施等方面给予指导。另外，像人物辩论赛等活动，则邀请专家现场指导。

（五）课题指引

鼓励教师积极参与市、区级课题，指导教师根据学生困惑、发展需要设计子课题。设计"学期工作推进情况调查表"（见表3），了解教师对

课题的思考、开展情况、存在问题等。指引教师不断反思与提炼，把经验、问题案例化，形成成果，推进教学的改进。

表3 "基于学情分析的教学活动设计与实施"学期工作推进情况调查表

教师	研究主题	过程性资料	主要经验或成果

（六）总结提升

1.积极参加区活动，进行阶段性总结汇报

在区级校本研修等活动中向专家和老师们进行工作汇报；通过现场课例，展示师生风采；在学科组现场教研活动中，围绕主题充分交流，思维碰撞，互相启发。

2.总结提炼几种典型课型，并分享交流、促进学习、固化成果

对30节研究课分析总结，提炼典型课型，在教研组会上汇报交流。

语录体文化经典《论语》：可设计以内容探究、思维提升、阅读方法学习为主的阅读指导课。小说：可设计以情节、人物或环境为切入口的阅读指导课、主题理解探究课、以读促写的阅读指导课。有独特特点的小说（如红色经典、科幻小说）：可设计阅读指导课。散文集《朝花夕拾》：可设计以人物鉴赏、思维提升、阅读方法学习为主的阅读指导课。《昆虫记》：可设计针对科普作品的阅读指导课。《红星照耀中国》：可设计针对纪实文学作品的阅读指导课。《威尼斯商人》：可设计戏剧阅读方法的指导课。以上不同文体著作都适用学生成果展示、汇报课。

五、课程评价

为了以评价促进步，奖励优秀，教研组制定课程评价方案，学年末依据课程评价方案进行个人和备课组考核。考核评价难度适中，形式多样，易于理解，便于操作。（见表4）

表4　"初中语文教师整本书阅读教学设计与实施培训"的课程评价

教师	听课评课（60分）	参加主题教研（8分）	参加课题研究（2分）	开设一节研究课（10分）	提交一份教学设计（5分）	提交一份教学论文（5分）	开展学科实践活动（10分）	特殊加分	总分
教师1									
教师2									
教师3									
……									
说明	1.听课评课：共60学时，每学时1分，共60分，以考勤方式记录 2.参加主题教研：共8学时，每学时1分，共8分，以考勤方式记录 3.参加课题研究：因其成果与后重复，所以设2学时，每学时1分，共2分，以所上交的材料进行考核记录 4.开设一节研究课：3学时，10分 5.提交一份教学设计：2学时，5分 6.提交一份教学论文：2学时，5分 7.开展、参与一次学科实践活动：3学时，10分 8.特殊加分： （1）教学案例或论文获奖，一篇3分 （2）教学案例或论文在教研组内分享，一次2分；在组外分享，一次4分 （3）学科实践活动效果突出，颇受好评，5分 9.在学年末评出优秀个人6人（每备课组2人）和优秀备课组两组，在教研组会上表彰，并奖励购书经费								

六、总结反思

以语文教学实际问题为切入点，基于陶行知的"学中做、做中学"以及"体验式教育"理论，依据"学习活动链"——亲历、反思、抽象、检验、交流、重构，学科组自行设计与实施了一系列分阶段、有层次的培训课程。在课程实施中，我们以"研究课"为杠杆撬动培训课程，在真做的历练下，开始"质"的研究，注重提炼典型课型；指导教师开展学科实践活动，打通课上、课下；发挥课题研究引领作用，以成果的形成反促教学。课程实现了"教学、科研、培训一体化"，使教师在自我反思的基础上，在教师共同体的影响和教育专家的指导与专业引领下，实现同伴互助共同成长。

🔍 | 案例分析 ··

随着语文课程改革推进，语文教学对学生阅读整本书提出了较高要求。语文教师面临很大挑战：一是教学内容厚重，二是自身阅读与教学积累有限。该校语文教研组针对这一难题，进行主题研修，解决真问题。

一方面，教研组结合校情、师情、学情，设计实施为期两年的有结构、成系列的校本研修课程。课程模块有学科理论、教学实践、学科实践、课题指引、考核评价、总结提升等，每个模块又分设不同的具体专题，理论研修、实践落实、样例学习、深度研讨相结合。强调在"做中学""学中做"，设计"整本书阅读"研究课任务，并以之为杠杆撬动整本书阅读教学研修的深入推进，带动教师学习实践、反思交流、持续改进。

另一方面，该案例又不拘囿于本校本组，凝聚全组力量，广涉资源、善借外力。充分挖掘内部潜力，以组员为主体，形成学习共同体；寻机会走出去，多渠道学习。在重要课程、关键处，请专家、引资源，获得专业指导。形成了"专家引领、混合式学习、教学实践、深度交流、学科实践、课题指引、成果固化"的学科研修模式。

此外，研修全过程非常注重研修评价。为了保证研修效果，研制观课量表，设计听评课流程，制定课程评价标准等，进行循证研讨与实践，实现了研修主题、目标、课程、实施、评价的一致性。

总之，该校语文学科研修强调合力共进的实践导向，紧贴教学难点重点，精心设计，严谨实施，稳步推进，效果凸显。课程设计、具体实施、评价跟进等均具有操作性、实用性特点，值得学习借鉴。

指向核心素养培育的初中化学教师单元教学设计能力提升培训课程 [①]

一、课程背景

随着普通高中和义务教育化学课程标准的修订与颁布，发展学生核心素养已经成为化学新课程改革的理念与价值取向。什么是素养导向的化学教学，如何进行素养导向的化学教学设计，已经成为化学教学研究和实践者共同关注的问题。越来越多的研究者认为，以"单元整体教学"作为抓手，通过单元学习主题整合章节教学内容，建构系统的知识结构，渗透学科思想方法，可以打通知识到素养的通道，实现素养导向教学的有效落地。基于此，本校化学教研组在深入学习化学课程标准和充分调研教师发展需求的基础上，最终确定了"指向核心素养培育的初中化学教师单元教学设计能力提升"的校本培训课程。

---

① 本案例选自《海淀区"十三五"校本培训精品课程集（中学）》，由北京市育英学校提供，主要撰写者为张艳君、白林灵。

二、课程目标

1. 了解化学单元整体教学的内涵与功能，知道单元整体教学与发展核心素养的关系。

2. 能说出化学单元整体教学的设计流程与方法及其与常规教学设计的区别。

3. 能够依照逆向设计模型与理论，选取合适的化学学习主题进行单元整体教学设计与实践改进。

三、课程内容

课程内容是实现课程目标的载体，直接指向"研修什么"的问题。在实践探索与研修中，我们发现单元整体教学设计能力的提升，不是在传统课时教学设计基础上做简单加法，而是在学科理解深化与教学理念深度转换基础上，围绕学习单元，对教学活动进行系统的规划和设计。我们紧紧把握教学设计的能力属性，确定了能力发展取向的研修课程内容，整体规划了化学学科核心素养与单元教学、单元教学规划与案例分析、素养导向的单元教学设计与实践、单元教学设计与实施效果总结四个课程模块，促进化学教研组教师在"单元整体教学设计"研修活动中，由"知"到"会"，由观摩"他人"到"具身"实践，从学习输入到应用输出。

课程内容的设计既有理论性，也强化实践性。在课程学习中，要为教师提供足够的理论学习与输入、反思与实践改进的时间，从而通过研修课程获得单元整体教学设计能力的质的转变与提升。

基于以上考虑设计课程结构，具体内容如下。（见表1）

表 1 课程结构

课程模块	课程专题	内容要点	活动安排
化学学科核心素养与单元教学	化学学科特征与化学课程理解	围绕化学学科的特征、知识体系，以及中学化学的课程性质与目标要求进行阐述，促进教师对化学学科的整体理解	专家讲座（4学时）
	化学学科核心素养与单元整体教学	阐明化学学科核心素养的内涵与课程标准要求，分析和介绍单元整体教学如何承载和落实素养导向的化学教学	工作坊研讨（4学时）
单元教学规划与案例分析	单元教学的构成要素与整体规划	围绕引领性的学习主题、单元学习目标、单元实践性学习活动、持续性评价四个部分，系统分析单元整体教学的构成要素；基于学科核心知识和大概念，对单元教学内容进行结构化分析和整体性规划	专家讲座（4学时）
	中学化学单元教学典型案例分析	围绕单元教学的构成要素，选取典型单元教学案例，从学习主题、学习目标、学习内容、学习活动组织、学习阶段划分以及学习课时分配进行系统分析	案例分析（4学时）工作坊研讨（4学时）
素养导向的单元教学设计与实践	单元教学设计与实施	基于单元教学的构成要素与框架，教师自行建构单元学习主题、设计学习活动、确定教学时序与评价任务，自主开展完整的单元教学实践	反思性实践＋专家跟进式指导（4学时）
	单元教学展示与交流	通过研究课以及说课等形式，进行单元教学的实践展示与集体研讨，借助教学展示与研讨，实现经验共享与教学改进	教学观摩与研讨（8学时）
单元教学设计与实施效果总结	单元教学设计与实施策略的总结与概括	基于单元教学的理论内涵与教学实践反思，概括提炼单元教学设计与实施的关键策略，深化单元教学理解，促进单元教学能力提升	工作坊研讨（4学时）
	研修过程反思与成果总结	围绕单元教学设计、实施与改进的研修过程进行系统总结，形成优质课例、研修报告等显性研修成果	学科论坛展示（4学时）

四、课程实施

一线中小学教师的工作内容琐碎、任务量大，这给专时专用的集中研修提出了很大挑战。如何灵活、高效地进行培训？我们从技术和培训方式两个方面出发解决这个问题。我们运用"专家引导＋学员参与"和"线上＋线下"的混合课程组织方式，让参训教师不仅成为参与者，更成为智慧的分享者；让研修不受时空的限制，能够为学员学习提供便利。

实施过程中，我们充分考虑成人学习特点，力求各个课程模块环环相扣，层层推进对最终问题的解决。参训者在此过程中，也可以根据实际认知水平，有选择地学习课程内容，在这种"选修＋必修"的课程结构模式下，发展元认知。

五、课程评价

我们借鉴柯氏四层次评估模型，从参训者感受、研修成果、参训者观念与行为变化、学生学习效果四个维度展开评价。同时，综合运用量表、问卷、作品分析、成绩评价等多种形式进行多元评价。

（一）参训者感受

我们以问卷的形式对参训者的课程体验进行调查。参训者对讲师培训技巧、课程内容有效合理、课程组织满意程度、本课程在将来的工作中有用程度等方面进行打分（7.5 分以上说明课程基本有效）。

（二）研修成果

单元教学设计是教学专业性的重要体现。我们对参训者在研修中形成的单元教学设计或课堂实况（教案或实录）进行评分，把得分作为参训者的培训评价指标，并在结业证上予以体现。（见表 2）

表2　单元教学设计评价量表

A级指标	B级指标	等级		
		优秀	良好	合格
能够选择并确定一学期的教学单元（20分）	一学期的单元数量合理（5分）	4—5	3	2
	单元之间逻辑清晰（10分）	8—10	6—7	5
	单元中至少体现一个学科核心素养，且总单元覆盖所有核心素养并有所侧重（5分）	4—5	3	2
能够设计单元整体教学（80分）	单元目标明确、可衡量（20分）	16—20	13—15	12
	课时内容安排合理,且能够体现本单元目标(10分)	8—10	6—7	5
	能够组织有效、有趣的学习过程（10分）	8—10	6—7	5
	评价任务可测量，有素养考察评估（20）	16—20	13—15	12
	作业与检测适切（10分）	8—10	6—7	5
	能够引导学生进行学后反思（10分）	8—10	6—7	5

（三）参训者观念与行为变化

我们运用微词云对课程开设前后老师们的感悟进行词频分析，以了解他们对新理念的认知变化。本培训课程在近两年的校本研修中，取得了一些成效。参训教师由关注知识点转变为关注学生，均能进行单元教学的设计和实施，在教学设计时更多考虑学生学习方法指导、核心素养发展。

（四）学生学习效果

学生是本研修课程参训者的工作对象，学生的成绩变化能够在一定程度上反映研修课程的落地效果。我们将参训者执教班级学生的期中、期末化学成绩变化率［变化率＝（期末成绩－期中成绩）／期中成绩］作为本课程评估的一部分。数据表明，学生成绩提升较为显著。

六、总结反思

本研修课程的成功之处主要有两方面：一方面，在研修过程中，我们注重实践导向，与教师实际工作紧密结合，解决教师的真问题，激发教师学习的积极性；另一方面，本课程四维度的评价体系能够较为全面地保障研修的成效，促进了学校化学教师指向核心素养培育的单元教学设计能力提升。

🔍 案例分析

本案例聚焦"核心素养培育"和"单元整体教学"两个核心点，为实现"知识解析为本的教学"转换为"素养发展为本的教学"，开展了四个模块课程的主题研修。在研修课程的设计、实施和研修评价方面，有很好的学习、借鉴价值。

首先，在研修课程的设计与实施上，教研组敏锐地选择"单元整体教学"作为素养导向教学的突破口和着力点，并以此作为教师教学能力提升的"增长点"，定位研修主题；围绕主题，按照"理论学习—案例研讨—实践应用—总结反思"等学习认知的课程逻辑建构研修课程，既有理论课程又有实践操作，且匹配了多种研修形式，有效激发了参训教师的主动性，促进了教师教学理念向教学行为的转化。

其次，在研修的评价上，基于柯氏四层次评估模型，从反应层、学习层、行为层、效果层等四个维度对研修效果进行评估，设计评价量表对研修过程及结果进行精准评价，并且能够从参训者的学生的视角出发对研修课程效果进行评估，凸显了教师研修目的不仅在于促进教师专业发展，也要促进学生核心素养的有效提升。

总之，本案例结合实际需要选择适切研修主题，科学构建研修课程，重视研修过程及效果评价，尤其是重视对参训者的学生视角的评价（学生成绩是对学科核心素养考查的结果，成绩显著提升更是对研修效果有力的数据支撑），这些做法是非常值得中小学校教研组学习借鉴的。

基于生物学科核心素养的青年教师自主研修课程 ①

一、研修课程设计

（一）需求分析

2017 年，教育部颁布了《普通高中生物学课程标准（2017 年版）》，引领高中生物学教学进入一个跃升发展的新阶段，凸显了生物学教育规律和育人价值。生物学核心素养是学生在高中阶段生物学习过程中所获得的关键能力、必备品格和价值观念，可提炼为生命观念、科学思维、科学探究及社会责任。同时，全面考查生物学核心素养也成为考试评价改革的方

① 本案例选自《打造区域优质校本研修生态——海淀区"十三五"校本研修案例集》，获海淀区"十三五"时期校本研修案例评选一等奖，由首都师范大学附属中学提供，主要撰写者为李拓圮、朱海燕、郭雪菲、李硕、刘明。

向，特别是对科学探究和科学思维的考查尤为突出。教师有必要在课堂中应用具体实例，以创设真实的科学探究情境，培养学生科学思维，带动学生学科核心素养提升。生物学是一门非常广博又日新月异的科学。每位教师都需要对生物学整体，甚至是各个大的领域有比较系统科学的认知，才能更高质量地进行中学阶段各单元的教学。并且，教师及时更新对生命科学和生物技术的认知，有利于自身专业发展和学校教育教学质量提升。

基于以上情况，在首都师范大学附属中学深入开展教育教学综合改革，大力推进校本研修"四修课程体系"（基础通修、兴趣选修、专业精修和自主研修）的背景下，本案例将介绍学校生物教研组自主研修小组所开展的校本研修。

（二）研修主题

研修主题是：基于小课题研究的生物学学科素养提升。

（三）研修目标

青年教师通过集中学习交流、理论知识讲授、文献研读、指导学生开展小课题研究等活动，实现在原专业基础上的知识拓展和能力提升，并探索专业知识向教学能力转化的有效方法，促进学科核心素养的提升。

（四）研修学时

研修课程共用 70 学时。

（五）参加研修的人员

参加研修的人员为：学校生物教研组朱海燕、李拓圮、李硕、刘明、郭雪菲、邓晨晖、韩滨岳。

（六）研修课程

自主研修课程见表 1。

表 1　自主研修课程（节选）

课程架构		研修内容	研修目的
理论知识研修	生理学	中国人的高血压——高同型半胱氨酸血症加重血管损害的分子机制	借助具体案例学习生理学、生态学、统计学、古生物学、植物学、动物学、遗传学研究方法
	生态学	东北虎的故事	
	古生物学	古生物学研究方法及案例	
	植物学	植物根系捕获策略	
	动物学	动物的性选择与进化	
	遗传学	基因编辑技术简介	
文献精读	英文文献	Mating advantage for rare males in wild guppy populations	通过文献学习，提升教师科学素养
		Nutrient computation for root architecture: Plants sense and respond to nutrients using a peptide signaling system	
	中文文献	《芒果苷促进高尿酸血症小鼠尿酸排泄和肾功能改善以及调节相关肾脏转运体的作用》	
		《基于植被覆盖度的藏羚羊栖息地时空变化研究》	
小课题研究与指导	开题报告	确定小课题 完成预实验 指导学生完成开题报告	在师生思维碰撞中，锻炼教师科学思维，提高科学探究能力
	实验操作	实施实验	
	课题答辩	答辩，完成小课题研究	

二、研修实施过程

第一学期，老师们主要进行理论知识研修和文献精读，并利用所学理论指导学生完成开题报告；第二学期，老师们结合文献精读，指导学生进行科学实验操作，完成小课题研究及答辩。

（一）理论知识研修

理论知识的学习以课程分享形式展开。研修小组教师成员有不同的专业，涵盖生物学多个方向。大家发挥各自所长，介绍各研究领域的学科背景、研究内容、国内外研究进展、研究方法和研究热点等，在分享中完成对生物学大学科的跨专业研修学习。

（二）文献精读

文献精读是贯穿整个研修的主线之一。文献的主要来源为生物学不同领域中的研究热点及师生的兴趣，并以英文文献为主。以小组为单位，提前20天按文献分享至微信群，供教师自主研读。每周固定课时为文献精读的集中分享时间。老师们按照"主讲人讲解文献—听众提出疑问—共同讨论—深度研读"的流程，认真阅读每一篇文献。

主讲人制作能够体现文献研究要点的PPT，按照"摘要—材料与方法—结果—结论与分析"的思路框架，以分析图表为主，呈现一个较为完整的科研故事。听众会提出对此研究感兴趣的问题，如若遇到文章中未详细解释的问题，立即查阅相关参考文献，讨论问题的答案。

（三）小课题研究与指导

在充分完成对生物学各个方向的理论学习之后，根据教师先前所修专业及学生的兴趣爱好，我们选取可探究的科学问题，查阅国内外大量文献，进行更加系统的针对性学习，做可行性分析及预实验。在此基础上，指导学生确定小课题及实验方案，并在第一学期结束前完成开题报告。

指导学生完成开题报告期间，导师与学生自由安排讨论时间，不断提出问题，查找资料，解答疑惑，使各自研究的科学问题更加清晰明了，不断提高和优化实验方法在中学应用的可行性。

第二学期的主要活动是开展实验的主体部分并完成课题答辩。（见表2）

表2　小课题答辩安排（节选）

报告题目	报告人（学生）	指导教师
人类神经治疗药物对涡虫神经再生的影响与作用效果	何雨柯　董怡君	李拓圯
蜘蛛（皿蛛）气管的保水作用	梁怡然	邓晨晖
中国东北中生代晚期昆虫口器类型及其与植物的相互作用	赵可馨　郭紫晨	刘　明
水稻无氧呼吸产生的乙醇代谢过程探究	陈依诺　刘　洋	郭雪菲
不同光照颜色对银边天竺葵根茎生长的影响	孙婉冰　陈　达 李芮昕　李嘉宜	李　硕
含氧离子对厌氧菌生存的影响	任长俊	韩滨岳

在与学生共同学习实践过程中，我们注重深化教师的专业学习，锻炼教师引导学生科学思维的能力，鼓励教师思考如何在课题研究过程中设计问题，以引导高中生强化锻炼文本阅读与表述能力、文献综述能力、实验设计与动手能力、自主研修能力。

三、研修效果评估

（一）理论知识研修效果评估

教师实现了对更多专业领域的深度学习。在相互的交流分享过程中，教师由原有精修一个专业变为对多个专业更加了解和熟悉，这不仅能促进自身科学素养的提高，还可以提升在实践教学中对学生科学探究的指导力。

教师专业能力向教学能力的转化有了较大程度的突破。在研修过程中，教师开始更多地去思考如何将大学的专业知识变为中学生通俗易懂的知识，如何对学生难以理解的科学问题给予适宜而深度的解答，并能够启发学生通过对知识的应用，实现更好地生活、健康地生活。同时，教师不断反思，如何引导不同年级和层次的学生，做到真正的因材施教、差异教学；如何将课程设计得有黏度，创设真情境、真问题的教学氛围，持续吸引学生……。本研修以问题推进式的模式，使一线教师向实现深入浅出的科学素养教育又迈进了一步。

（二）文献精读效果评估

教材中的实验或高考题中的素材，若要追根溯源，很多都来自经典的文献资料。在文献的研读、讲解与讨论中，一环扣一环的问题分析，逻辑性极强。通过还原科学家或学者在进行真实研究时的思维逻辑，师生在头脑风暴中锻炼了严密的科学思维。当师生通过学习一篇文献，抓到实验的本质与方法时，他们便习得了解决类似科学问题的科学方法，培养了终身学习的意识和习惯。

（三）小课题研究与指导效果评估

小课题研究让师生在实验的体验中实现了共赢。师生在实验中实实在在地体会了科学探究的一般过程——从观察生活，提出感兴趣的问题，到通过查阅资料，将感兴趣的问题转化为值得探究的问题；从根据已有知识做出假设，到"绞尽脑汁"设计严密而科学的实验计划；从预实验到实施实验，中间一次又一次地推翻重建，实现了理论知识阶梯式的上升，加强了动手能力，锻炼了科学思维。

同时，教师自身也在研究性的学习中，不断推动自己学习了新的理论知识和科学方法。看似任务式的动力推进，实则是教学相长式的共赢。

四、研修反思

（一）特色亮点

1. 研修校本化

本研修是将学校校本研修"四修课程体系"在生物学科内务实落地。教研组近些年不断完善生物学科课程，在生物学科已有的基础通修课程、兴趣选修课程、专业精修基础上，利用组内教师的专业知识与能力，开展了以多个专业理论知识、文献和小课题研究为主的自主研修课程。

2. 综合生物学多个不同研究方向

参与教师多为青年教师，每位教师都有自己相对擅长的研究方向。大家以教师研修的方式开展课程并互相分享交流，实现了彼此在生物学科中的跨专业素养提升。

3. 落实科学素养，深化生物课堂改革

我们在教学实践过程中融入了深入的探究性活动，促进了学生学习方式的改变，使其体验到科学过程与科学方法，锻炼了科学探究能力，培养了创新精神。学生在真实问题情境中习得知识和方法，实现了学有所用。

4. 在教学实践中完成专业能力与教学能力的转化

我们将单方面的教师理论研修扩展至有学生参与的教师教学实践研修，在教学活动中搭建了"学习—实践—反思—学习—实践"的能力转化桥梁。

（二）不足

本案例在设计之初，虽有多次深入研讨，在实施过程中仍难免有一些不足，这也使我们积累了一些经验。

首先，每次研修的反思要深刻，深入问题本质，找到切实可行的改

正措施，并及时应用于教学；其次，教师多为青年教师，教学经验不足，在教学实践中不能很好地完成专业能力与教学能力的转化；最后，对于理论知识的学习，不能仅停留在生物学科专业知识的研修，还需要加入教学理论知识的学习及案例的分析，这样才能为教师的教学实践转化提供更综合的专业支持。

案例分析

本案例充分发挥青年教师的专业优势，构建了专业学习共同体，形成了生物学科各领域联通、师生共赢的自主研修课程，在研修需求、课程设计与实施等方面，均有值得更多教研组借鉴的亮点。

首先，研修设计凸显问题导向和实践取向。其一，高学历的生物学青年教师在跨领域学习、教学能力提升及学生学习指导方面有刚需；其二，学生在真实情境下解决现实生物学问题的能力急需加强。因此，本案例把师生需求巧妙融合，是通过教师研修解决学生科学素养培育的成功案例。

其次，独特的课程设计与实施。课程设计坚持了"以人为本"，真正发挥了高学历教师作为专业人员的专业能量。青年教师同时承担培训者、学习者、实践者等多个角色，开展学校"四修课程体系"下的自主研修，体现了教师专业发展与学校发展相统一。研修课程成系列、模块化、有梯度，注重将理论学习与教学实践相结合。研修模块包括生物学各专业领域借助案例的理论知识、研究方法与策略、文献阅读等；采取"自主研修—研修共享—创建师生共享课程"的方式，开展有学生参与的教师教学实践研修，实现了师生共同提升科学素养的效果。

最后，优质团队研修文化的创设。基于教师学习的理论建立教师专业学习共同体，体现了教师间合作、共享的学习文化和共同发展的专业追求。

本案例注重青年教师专业特长，借助研修实现合作共享的团队文化，将教师研修与学生素养培育相融合，这种校本研修探索与创新对新教师数量较多、资源有限的学校有很好的启发和借鉴意义。

"基于学生数学思维能力培养的教学改进"校本研修[1]

一、研修课程设计

(一)研修背景

《义务教育数学课程标准（2011年版）》指出：数学教育更要发挥数学在培养人的理性思维和创新能力方面的不可替代的作用。其中，在"课程目标"中提出：学生能运用数学的思维方式进行思考，增强发现和提出问题的能力，分析和解决问题的能力。学生自己发现和提出问题是创新的基础，是思维能力培养的重要途径，而好的数学情境可以使学生发现并提出更多有意义的数学问题。

在现实教学中，数学教师虽然认同上述理念，但对思维能力培养的认识上存在偏差，相应的培养策略也有些匮乏。因此，在"核心素养"成为教育热点的今天，数学教育要突出"思维能力"的培养，就要以创

① 本案例选自《打造区域优质校本研修生态——海淀区"十三五"校本研修案例集》，获海淀区"十三五"时期校本研修案例评选一等奖，由北京铁路实验小学提供，主要撰写者为胡振芳、张继红、张蕊、李会平、梁静。

设情境、发现和提出问题为突破口。

"创设情境"是指数学学习的情境创设。教师创设情境，重在引导和培养学生的观察与分析能力。数学问题一般来源于现实生活、其他学科或数学内部本身。因此，创设的数学情境可以涉及这些内容。

"发现和提出问题"是指数学学习问题的发现和提出，这是培养创造性思维能力的核心和重点。学生只有大胆猜想和探索，才能挖掘出隐藏于数学情境中的内在知识联系，提出数学问题。

（二）研修人员

参加研修的人员为本校全体数学教师。

（三）需求分析

张丹教授在《"增强学生发现和提出问题能力"的实践研究》中阐述：发现和提出问题的能力不仅有利于学生理解相应的概念和方法，提高解决问题的能力，而且可以提高学生的学习兴趣和学习主动性。特别是发现和提出问题将促进学生创新意识的培养。通过分析本校教师平时的研究课，我们发现教师在数学教学中利用思维导图培养学生对知识的总结概括能力，在数学学习的过程中通过生生对话、师生对话提升学生的分析和表达能力。这些方式都有利于提升学生的数学思维能力。但在访谈中，对于"在平时教学中，您会创设怎样的情境，引导学生发现和提出问题？"多数教师表示，利用教材中的主题图，引导学生发现数学信息，根据数学信息提出数学问题。对于追问"如果学生没有提出本节课的重点问题，您会怎么办？"教师表示："自己出示重点问题，让学生自主解决。"通过分析访谈结果，我们得出结论：教师缺乏通过创设情境，引导学生发现和提出问题的意识。同时，我们发现学生习惯的数学学习是解数学题，缺乏问题的探究意识。这些因素导致学生缺乏发现和提出问题的意识和能力。

基于以上分析和发现，我们认为创设有利于学生思考的情境、营造发现和提出问题的学习氛围是数学教师亟待研究的课题之一。

（四）研修主题

研修主题为：基于学生数学思维能力培养的教学改进——以教师创设情境，学生发现和提出问题为突破口。

（五）研修目标

1. 通过理论学习、问题诊断等方式，教师能够认识到对学生进行数学思维能力培养的重要性。

2. 通过观摩研讨、案例研究、同伴互助等方式，教师能够运用创设情境、发现和提出问题的有效方法策略对学生数学思维能力进行培养。

3. 通过专家指导、教学反思等途径，教师能够更新知识结构，提升研究能力、教学能力和学科专业素养。

（六）研修学时

本研修共18学时。

（七）课程安排

第一部分 理论学习（2学时）

具体内容：教师学习关于学生数学思维能力培养的相关理论，如《"增强学生发现和提出问题能力"的实践研究》《核心素养视角下小学数学课堂情境创设问题与改进研究》《中小学数学情境与问题提出教学——开放的数学教学》。

培训目的：通过理论学习，教师能够认识到"教师创设情境，学生发现和提出问题"对培养学生数学思维能力的重要性。

第二部分 问题诊断及工具使用（2学时）

具体内容：

①通过问卷、访谈，调研师生在数学思维能力培养过程中存在的现

实问题。

②学习课堂观察量表的具体使用方法。

培训目的：在调研的基础上，教师根据现实问题制定课堂观察量表并掌握观察量表的具体使用方法。

第三部分 课堂实践（12学时）

具体内容：每次选取两节课，开展"教师备课—组内研课—专家建议—课堂实践—专家点评—教师反思—整理案例"活动。

培训目的：通过课堂实践，教师探讨以创设情境为切入点，培养学生发现和提出问题的能力。

第四部分 课例撰写指导（2学时）

具体内容：专家针对教师在撰写案例过程中遇到的问题进行指导。

培训目的：通过专家指导，教师对创设情境的认识得到进一步提升，梳理培养学生发现和提出问题能力的策略和方法。

二、研修实施过程

（一）动员启动阶段

1. 成立由校长、教学副校长、两位学段教研组长以及年级教研组长组成的校本研修领导小组；确定以"基于学生数学思维能力培养的教学改进——以创设情境、发现和提出问题为突破口"的校本研修主题。

2. 确定伍春兰教授为研修活动的总指导专家，与专家沟通研修理念、研修方法和步骤。

3. 制定校本研修阶段性计划和实施方案。

（二）项目实施阶段

1. 通过讲座明确数学思维能力培养的重要性，使教师对培养学生数学思维能力的方法和策略有更加具体和深入的认知。

2. 制定课堂观察量表，专家分析观察量表的科学性、指导性和可操作性，以及培训量表的具体使用方法。

3. 确定课堂实践的时间和课题。充分发挥骨干教师的作用，带动青年教师提升专业素养，引领中老年教师转变教学理念。

4. 授课教师要对基于"创设情境""发现和提出问题"来提升学生思维能力的方法和策略进行教学设计，由专家进行指导。

5. 在教学过程中，使用课堂观察量表，对教师引导学生"发现和提出问题"的过程进行量化分析。

6. 课后，专家给予点评，同伴给予建议，授课教师撰写研修案例。

（三）总结评价阶段

1. 专家对研修案例的撰写方法进行培训并点评教师撰写的研修案例。

2. 教师根据专家点评修改研修案例。

（四）固化成果阶段

1. 教师撰写经验总结、研修体会、研修心得并与同伴分享。

2. 将研修案例上升到理论层次，出版成书，进一步推广。

三、研修效果评估

（一）研修效果

本研修注重理论学习，从内在更新了教师的教学观念。教师掌握了以"创设情境""发现和提出问题"为突破口培养学生的数学思维能力的方法和策略。中老年教师对"怎样创设情境，创设怎样的情境"有了新的认识。青年教师在课堂实施的过程中，不断调整教学设计，巩固了学科基础知识，提高了教学能力。课堂观察量表的使用更有助于分析出课堂实施过程中的优势和不足，为骨干教师课堂教学的改进提供了证据支撑，提升了他们的研究能力。在不断尝试、反思、改进的过程中，不同发展阶段的教师的学科专业素养和教学能力都得到了提升。

（二）研修成果

在研修过程中，教师的专业论文、案例共有6篇获市、区级的一、二、三等奖，研究课共有7节获区、学区级的一、二等奖。两节研究课被全国中小学教师继续教育网收录，两节数学培训课被国家培训项目的培训课程录用。《课堂教学思与行》一书已经由光明出版社出版。

四、研修反思

（一）校本研修特色

1. 教研与师训相结合

本研修将教研与师训相结合，提高了教师的理论水平和实践能力。在研修过程中，充分发挥专家的指导作用。专家针对教师的教学设计进行理论性的指导，针对教师的课堂教学进行实践性的点评，让每一位教师受到新教育观念的冲击。

2. 教研与教学相结合

教师既是教育者，也是研究者。在教学过程中从事教研，在教研活动中进行教学，两者统一于教学实践，服务于学生的发展。教学检验和完善教研，教研辅助教学，两者紧密联系，相辅相成。

3. 教研与科研相结合

我校在"十三五"期间，共申报数学科研课题8个，数学教师全员参与课题研究。本研修为课题"在数学教学中培养学生的问题意识"提供了丰富的研究素材。教师在研修过程中，将科研课题与研究课相结合，使课题研究更加深入和系统。教师在教研中参与科研、在科研中深化教研，构建了寓教于研的协同育人模式。

（二）进一步努力的方向

1. 创设形式更加丰富的研修课程

校本研修的主要形式是专家讲座、课例研讨、观摩学习。课程形式相对单一。在今后的研修中，可以创设更加丰富的研修课程，例如，名师引领、同课异构、观摩外校教师的课堂等。

2. 尝试研究相同知识领域的教学内容

研修形成的教学案例内容比较分散。在今后的研修中，可以尝试研究相同知识领域或相同知识模块的内容，让教师更加深刻理解小学数学的知识结构，为后续教学打好基础。

案例分析

本案例研修主题具有"小而实"的特点。"小"指的是研究范围小，聚焦数学思维能力的提升，以"教师创设情境、学生发现和提出问题"为突破口，开展"基于学生数学思维能力培养的教学改进"教研组研修，体现了时代特点、课改方向，与核心素养对接，内容具体且有价值。"实"指的是主题指向学科教学本质，指向学科教师在教学中面临的待解决的、真实的问题，使教师带着问题在教中研、在教中改，并通过多种方式，引导数学教师真正理解培养学生数学思维能力的重要性。

本案例研修过程采用行动研究方法，呈现"学、做、写、思"的实施特点。行动研究的目的是解决真实情境中的具体问题，把研究功能与在职教师工作紧密结合起来，既能提升教师研究能力，又能培养教师专业素质。本案例"学"的特点体现在理论学习部分，选取有针对性的文献开展学习，完成前期理论铺垫。"做"体现在课堂观察量表的研制和开展课堂实践两个方面。教师经过备课、说课、磨课、上课、提炼方法策略的过程，借助课堂观察量表的量化分析与专家指导，不断优化教学设计。"写"体现在撰写、修改课例方面，是将研修活动与成果固化相结合的有效研修方式，体现出教育教学的改进，凸显研修的实效性。"思"一方面是指研修最后阶段，教研组能够引领参与教师对研修经验予以反思总结，实现一定的理论提升，如撰写教学案例、出版《课堂教学思与行》，在固化成果的同时，促进案例的优化和推广；另一方面，也体现在学校层面对研修特色和未来发展方向的反思。

我们对本章关键问题的回应

1. 学校和教研组在实践层面开展高质量的校本研修，既需要根据本书前三章所介绍的校本研修的理论与理念、规划与制度、设计与实施等内容，进行顶层设计、系统构建，又要基于本校、本教研组的具体情况、发展定位、研修目标，整合资源、有效实施。如此，校本研修方能促进教师专业成长和学校持续发展。

2. 两个层面的十个案例，各具特色和亮点，给学校和教研组校本研修带来鲜活有益的理念与方法的借鉴和启发。学校层面案例，从研修文化与研修保障、研修课程与研修模式、教研组建设与区域辐射、研修成果与典型经验四个方面为我们提供全方位的借鉴；教研组层面案例，从需求调研与分析、主题确定与课程设计、研修实施、研修评价等方面为我们提供研修全过程的借鉴。

你的思考

印象	1. 本章让你印象深刻的内容有哪些？
感受	2. 这些内容让你联想到了什么？
发现	3. 这些内容对你现在的工作有哪些启发？
行动	4. 今后你在工作中将如何应用？

第五章

系统思考：
区域生态这样建

本章关键问题

1. 区域教育行政部门和教师发展机构在校本研修中应该发挥什么作用？

2. 区域整体推进校本研修的主要路径有哪些？

　　我在负责学校的教师发展工作后，开始只是想着应该结合学校的基础做好校本研修工作。恰好区里召开校本研修专题会，我代表学校做前期校本研修工作的经验分享。在准备过程中，海淀区教师进修学校师训部团队从区域角度跟进指导，和我们深度对话交流，帮助我们系统梳理、深度挖掘，促进学校校本研修经验的结构化。这件事让我认识到：校本研修的顺畅推进，既要有校级层面的价值认同与系统实施，同时也离不开区域层面的顶层设计与跟进指导……

——北京市育英学校课程研究院副院长　袁凤芹

　　虽然校本研修发生在学校，但是区域教育行政部门和教师发展机构的顶层设计、系统部署和跟进指导，直接决定一个地区校本研修生态状况，进而会对学校校本研修的规划与设计、实施产生持续深远的影响。基于以上的认识，我们可以应用教育生态学理论，将校本研修看作一个包含丰富要素的系统，这些要素之间相互联系和促进。校本研修的基本要素包括：研修教师个体或集体，研修课题或主题，研修方式与方法，研修环境与资源，研修机制与策略。[①] 其中，研修课题或主题、研修方式与方法，归纳起来就是校本研修的内容和方式。从区域整体工作层面上考虑，每个学校的校本研修的内容和方式会因学校实际情况而有所不同。区域校本研修生态构建要重点考虑另外三个要素，即培训者、研修资源和研修机制。这三种要素在区域、学校、教研组三个层面都发挥着重要的作用，将其关联和贯穿，可以形成三条主线

---

① 周红. 区域推进校本研修策略的个案研究 [M]. 长春：东北师范大学出版社，2015：24.

（见图5-1），共同为区域校本研修系统的核心——校本研修的主体，也是专业发展的主体——全体教师服务。本章主要探讨如何着力于这三条主线，即完善区域校本研修制度机制、整体提升校本培训者能力和搭建资源共享平台，构建区域优质的校本研修生态。

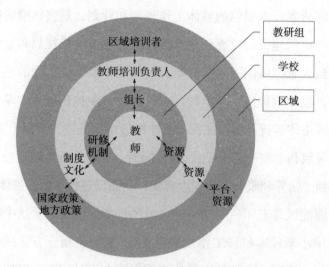

图 5-1 区域校本研修系统示意图

第一节 完善区域校本研修制度机制

从区域角度看，推动校本研修的整体发展，首先可以从建立合理、完善、具有引领作用的制度和机制开始，培育适宜校本研修生长的土壤，从生态的角度解决校本研修缺乏系统规划、专业引领等一系列问题，促进学校建立相应的研修机制和文化。对于区域负责校本研修工作的相关部门管理者或培训者，可以按照"顶层规划，整体推进——过程引导，机制保障——标准引领，以评促建"的工作逻辑，整体规划设计适合区域内学校的校本研修制度和机制。制度机制形成完善的体系，标志着一种新的运行秩序的确立，一种新的文化重建，也标志着一个新生态的形成。

一、顶层规划，整体推进

规划是未来行动的蓝图，是对未来整体性、长期性、基本性问题的考量。结合区域实际研制校本研修的整体工作规划和计划，是整体推进区域校本研修工作中制度机制建设的首要任务。区域制定校本研修规划和学校研制规划的时间相一致为宜，可以三年或五年为一周期，以保证工作的连续性。从区域层面考虑，校本研修应从"学校自主"的单一主体扩展到"学校主动、区校联动"的双主体运行，将以往校本研修推进中只关注"学校干了什么"，拓展到关注"区域和学校一起干了什么"，同时，也要体现区域对校本研修工作从"管理"到"指导和服务"的理念转变，从而促进校本研修整体内涵发展。

北京市海淀区每五年一周期研制区域的校本研修规划。这个规划也被称为《海淀区中小学校本研修工作指导意见》，主要包括三方面的内容，即校本研修的定位与原则、学校校本研修管理保障与设计实施、区级指导服务与管理评估，将五年内区域校本研修工作遵循的原则、区域和学校各自职责和要点提前布局。

其中，在定位与原则中明确：

各基层学校坚持校本研修与学校文化建设相结合、与日常工作相结合、与教师主体需求相结合的原则，认真研究办学思想与目标、教育教学的优势与不足、教师队伍的状况与需求，制定符合学校实际和教师发展需要的培训规划；充分利用校内外各种培训资源，通过"理念引领、主题带动、项目载体、任务驱动"等多种途径和形式进行校本研修；发挥教师主动性，创建学习共同体；立足实践，加强反思，有针对性地解决教育教学的实际问题。

区级教育行政部门和相关业务部门，要在原有校本研修工作经验的基础上，以科学发展观为指导，坚持全面推进与重点帮扶相结合、常规指导与项目培育相结合的工作原则，采取"以点带面、项目推进、示范分享、以评促建"等多种途径和指导方式，依托高校、科研院所及各级师资培训机构，构建立体的支持体系，整体推进校本研修工作，促进区域校本研修实现优质、均衡和有特色的发展。

有了总体的设计后，需要再细化学校和区域如何开展工作。其中，有关"学校校本研修管理保障与设计实施"的内容，我们在本书第二章和第三章把北京市海淀区的思考和做法为大家做了详细的呈现；"区级指导服务与管理评估"的内容将在本章介绍。负责此项工作的教育行政部门和区域教师发展机构可以结合本地的校本研修实际情况，制定适合区域实际情况的规划。

二、过程引导，机制保障

要实现区域内每所学校日常校本研修的有效开展，并为其提供有针对性的指导、服务和管理，有赖于良好有效的运行机制，包括基本的管理制度，时间、经费等保障制度，沟通协调机制等，以确保过程顺畅，让基层学校将更多精力着力于利用校本研修解决关键问题。虽然不同地区学校数量不同、水平不一，日常管理模式也不相同，但是在开展各项校本研修相关工作时都要求职责明确、规范有序并顺畅高效。例如，北京市海淀区主要采用三级联动的校本协作机制，即将研修分中心、学区、集团等划分为片区，联片内研修活动开放、优质资源共享，开展多层次、全方位的校际交流，形成"区级研修—联片研修—校本研修"三级联动的深度研修模式。各地区可以结合实际情况，在常态管理的基础上，将区域内的学校根据一定的原则划分至不同片区，建立适合的协作制度、展示制度，区、片区、学校在教师研修方面各司其职，让学校在开展校本研修工作的同时可以找到"同路人"，获得相应的指导与借鉴。这将对中小学校有很好的促进作用。

区级研修重在整体规划、专业指导、统筹推进，发现、总结、提炼并推广优秀经验；联片研修注重协作，聚焦专题、持续跟进，整合与共享优质教师资源；校本研修重在基于学校实际，聚焦关键问题，明确研修主题，开展指向教育教学实践改进的跟进式研修，完善"聚焦问题—学习研究—实践改进"校本研修推进机制。通过探索建立科学合理的机制和制度，在区级校本研修工作过程中保障各级各类学校的校本研修有效且持续地高质量开展。

三、标准引领，以评促建

评价具有引领和导向作用。制定区域校本研修评价标准有利于在整体上引领提升区域校本研修工作质量。以北京市海淀区研制的校本研修评价标准（见表 5–1）为例，该标准对校本研修的保障、实施重点、成效与特色进行了较为全面的说明。

表 5–1 北京市海淀区校本研修评价标准

一级指标	二级指标	三级指标
A1 校本研修保障（20分）	B1 制度建设（10分）	C1 学校重视校本研修工作，成立以校长为组长的领导小组，有部门及干部具体负责，职责明确，任务落实
		C2 有学校校本研修规划和阶段性实施方案；校本研修方案针对性强，具有层次性、可行性和完整性等特点
		C3 有学年、学期校本研修计划和总结；有专题培训的方案与总结
		C4 有教师参与研修的考核、奖惩等规章制度，管理制度健全
	B2 研修资源（10分）	C5 有能够胜任培训工作、以本校教师为主体的师资队伍
		C6 积极开发与利用网络资源，整合区域、片区（研修分中心、学区、集团）等资源用于校本研修
		C7 有教育教学、学校管理及德育等方面的可用于培训的案例资源积累
		C8 根据学校实际，建构校本研修课程体系，开发校本研修资源
		C9 充分利用高校、研究机构、社区等校外培训资源实施校本研修

一级指标	二级指标	三级指标
	B3 研修目标 （5分）	C10 校本研修目标指向实际问题的解决，有效对接教师队伍建设的需求
		C11 研修目标清晰明确，具有可操作性、可达成、能落实
	B4 研修内容 （15分）	C12 结合实际，面向全体教师，开展丰富多样的专题研修
		C13 开展实效性强的师德培训，创新师德教育活动
		C14 开展课程建设与实施的相关培训，保障国家课程校本化、高质量实施
		C15 聚焦学科课程育人价值理解、教学设计与实施、作业设计与学业评价等关键问题，开展指向实践改进的校本研修
		C16 加强学生研究，开展学生教育与班级管理培训
		C17 开展教育科学研究，并促进培训工作的实践转化
		C18 开展现代信息技术应用能力培训，推动信息技术与学科教学深度融合
A2 校本研修课程 （40分）	B5 研修方式 （14分）	C19 研修主题鲜明、形式多样、实效性强
		C20 注重通过案例、反思、体验等方式进行参与式培训，提升教师自主发展的意识
		C21 实行导师制，通过"师带徒"等方式对新任教师、青年教师进行培养
		C22 参加国家、市级、区级、校级等各级教育科学研究课题，以课题研究为载体进行校本研修
		C23 定期聘请专家到校指导、举办专题讲座
		C24 创造条件选派教师外出学习或参加国家、市级、区级培训
		C25 充分发挥骨干教师及外出学习教师在校本研修中的引领示范辐射作用
		C26 运用信息技术手段开展校本研修
	B6 实施与评价 （6分）	C27 有固定的研修时间，平均每月至少有1次研修
		C28 学校定期对校本研修工作进行评价；校本研修与评优、年度考核挂钩，对参加校本研修表现突出的教师定期进行表彰奖励
		C29 严格过程管理，实行教师培训学分登记制度，教师培训学分登记率达100%
		C30 校本研修资料及时分类存档，内容规范，查阅方便

续表

一级指标	二级指标	三级指标
A3 教研组 建设（20分）	B7 教研组研修（15分）	C31 教研组研修整体有规划，学期有计划，活动有策划
		C32 教研组研修聚焦实际问题，并有明确主题，研修活动系列化、课程化
		C33 教研组研修指向问题解决，深入并有实效
	B8 学科基地 （5分）	C34 教研组研修形成特色，在学区内承担学科教研基地任务或建成海淀区的学科教研基地
		C35 教研组承担了区级、市级、国家级等级别的研修任务，效果良好（好评率85%以上）
A4 校本研修成果 （20分）	B9 研修成果 （10分）	C36 学校干部教师的师德水平得到提升，教育教学理念能够及时更新
		C37 教师反思意识增强、教育研究素养提升，定期撰写随笔、反思、案例等，教学行为改进显著
		C38 教育教学效果明显增强，学生核心素养得到发展
		C39 近5年教师获得区级以上教育、教学、科研成果奖励有增加
		C40 近5年评为区级以上优秀班主任或骨干教师的总数量有增加
	B10 成果推广 （10分）	C41 举办过区级以上校本研修方面的展示活动
		C42 学校开发了校本研修课程或校本研修案例
		C43 在区级以上范围内推广或介绍过校本研修经验；在国家正式出版物上发表过与校本研修有关的文章

标准的建立能够有效引领学校校本研修工作。区域教育行政部门和教师发展机构在制定区域标准时，首先需思考区域当前要着重引领的理念和方向，重点考虑校本研修全过程的开展要求，包括设计、实施和评价，同时还要考虑区域学校开展校本研修的工作重点和难点，如教研组层面研修相对薄弱但尤为重要。

北京市海淀区定慧里小学应用以上标准，从四个方面总结提炼学校"十三五"期间的校本研修经验：从校本研修保障与研修文化方面总结了

"管理提升、制度先行，坚持原则、注重发展，统筹资源、优化服务"三个有效做法；从校本研修课程与研修模式方面阐述了设计与实施"慧小"特色的丰富的研修课程，采用多种研修方式，增强研修实效；从教研组建设方面介绍了如何管理重心下移，重点加强年级组、教研组的建设；最后从教师、学生、学校几方面展示了校本研修成果。特别值得肯定的是，该校对应标准中每一个二级指标，都提供相应的支撑性材料作为附件，其中校本研修课程的支撑性材料甚至细化对应到三级指标。支撑性材料形式有文本、图片、视频等，使五年的校本研修成果翔实、具体、可信，也为后续工作奠定了坚实的基础。该校教师培训负责人反馈，这个结构化的标准伴随了学校设计、实施、总结校本研修的全过程，是专业指引和有力的支架。

标准制定后如何落地，这是研制标准时需要统筹设计的。依据标准，可深入学校研修现场进行实地评估。同时，评价方式应注重针对性和多样性，可采用查阅资料（档案）、听取汇报、听课、观摩校本研修现场、与干部教师座谈访谈、发放调查问卷等。评价主体应考虑多元，既要有学校自评、片区内教师培训负责人互评，还要有由区级教师培训者、行政管理者、教师教育专家组成的专家组评价。这种扎实的现场评估能够促使学校不再只关注表面的材料积累，而是更加注重常态化的校本研修开展，注重校本研修的真实内涵，注重教师的实际获得，从而在整体上促进区域校本研修品质的提升。

第二节 整体提升校本培训者能力

在校本研修系统的"培训者"这条主线中，校本培训者指学校教师培训负责人和教研组长，他们是最为关键的人员。二者是学校内部从事校本研修规划、设计、实施和管理的专业人员。在开展校本研修时，校本培训者不仅需要上接国家、区域的教育理念和政策要求，而且还要下联教师的岗位需求和个体需求，其校本研修的理念、思路、方法和行为直接决定了所在学校和教研组的校本研修生态环境和质量水平。因此，重视对校本培训者的研究和培养，从学校"内生力"的视角研究区域推进校本研修的具体策略，有助于解决校本研修最本原的问题，即设计和实施的科学性和专业化的问题。对于区域来说，统筹开展校本培训者能力提升培训，是增强校本研修内生力的最有效途径。

一、构建框架，引领发展

校本培训者应具备哪些能力素养？给校本培训者的能力画像，一方面能够引领学校教师培训负责人、教研组长反思不足，明确发展方向；另一方面可以引领学校参照能力框架选拔和确定校本培训者，同时，还可以成为区域和学校培养、培训校本培训者的重要参考。聚焦教师培训负责人和教研组长的岗位实际，基于文献研究、对校本培训者队伍的调研和以往工作经验，经过梳理、提炼，我们构建出学校教师培训负责人核心素养框架（见表5-2）和教研组长能力要素框架（见表5-3）。

表 5-2　教师培训负责人核心素养框架

维度	指标要素	基本内容
专业素养	专业意识	1. 理解教师专业发展标准，积极开展促进教师发展的培训与研究
		2. 理解岗位内涵与职责，重视教师培训工作，具有为教师发展服务的精神
	专业情怀	3. 了解和引领教师需求，尊重教师个体差异，激发教师内在发展动机，为教师专业发展提供专业化支持
		4. 构建尊重、平等、合作的研修文化，帮助教师不断优化教育观念和行为，构建学习共同体，搭建经验共享的平台

续表

维度	指标要素	基本内容
专业知识	教师教育知识	5. 了解教师专业知识结构和教师专业发展的基本理论，熟悉教师教育课程的知识
		6. 掌握教师的学习特点、成长规律及促进教师专业发展的知识
	教师培训管理知识	7. 熟悉组织教师研修的基本流程和组织管理方法
		8. 了解有关培训管理的前沿知识和发展动态
专业能力	问题诊断能力	9. 能够通过有效调研，收集信息，准确分析诊断教师培训的真实问题，明确需求
		10. 能够提炼恰当的研修主题，确定研修目标
	规划设计能力	11. 能够依据学校发展规划及教师需求，合理制定校本研修规划，系统设计培训方案
		12. 筛选、整合校内外各种培训资源，合理设计培训活动，科学开发优质培训课程
	模式建构能力	13. 依据培训内容、时间、资源等培训要素选择合适的培训方法，丰富和创新培训方式
		14. 能够依据培训实施的实际情况和逻辑关联，构建适合的培训模式，形成学校研修特色
	实施与指导能力	15. 能够承担研修教学任务，发挥示范引领作用
		16. 能构建教师学习团队，指导教研组实施校本研修
	协调沟通能力	17. 协调学校各方，建立教师研修激励机制
		18. 协调学校各部门，为校本研修创造良好的环境和条件
	评估甄别能力	19. 善于发现校本研修中的问题，用研究的思路改进设计与实施，找到解决问题的路径与策略
		20. 科学评估研修效果，持续行为跟进，促进发展

表 5-3　教研组长能力要素框架

能力要素	相应岗位工作
1. 学科教学能力	关注学科教学整体思路、总体教学质量及教学改革；开展备课、教材教法研究，完成本学科教学任务
2. 教学研究能力	组织教学研究，课题、项目研究，考试命题研究，提升教育教学研究能力
3. 教学指导能力	通过听评课、教学评价进行学科教学的整体指导
4. 规划设计能力	制定本组的工作计划，规划设计学科组研修活动，完成工作总结
5. 团队建设能力	承担教师培养与发展任务；建设教研组，提高全组业务素养和能力
6. 组织协调能力	管理和监督常规工作，参与评价组员的业绩，对学科教学的人事安排提出建议；协调统筹教研组内教师活动、学生发展活动
7. 课程建设能力	根据校情和学情，带领学科组研发学科校本课程
8. 学术引领能力	把握教育教学前沿，引领课题研究、学科建设

二、培训跟进，提升能力

为教师培训负责人和教研组长两层面校本培训者"画像"后，如何基于此开展有针对性的培训，提升他们的能力，成为区域培训者需要着重考虑的内容。依据北京市海淀区的经验，区域开展校本培训者培训，同完成其他教师培训项目一样，也需要考虑需求分析、主题目标确定、课程设计、课程实施、效果评估等方面。下面，重点介绍校本培训者培训课程的设计与实施。

（一）校本培训者培训系统设计

区域培训者可以依据两层面校本培训者的素养能力框架，结合本地校本培训者群体实际情况开展调研，明确要重点解决的问题，将实际工作中两个层面校本培训者的薄弱点作为主要培养指向，确定培训主题和目标。以北京市海淀区为例，我们结合调研发现，教师培训负责人研修规划设计能力弱，教研组长岗位胜任力较弱，他们在规划设计能力、团队建设能力和组织协调能力上都有提升的空间。基于以上发现，我们确定了教师培训负责人和教研组长区级培训的聚焦点，即校本培训者如何在学校、教研组内引领开展校本研修，将教师培训负责人培训主题定为"教师发展领导力提升"，将教研组长培训主题定为"学科校本研修领导力提升"，并依据需求分析和培训主题，明确了培训目标，力求结合二者工作实际清晰定位、相互关联，促进二者在学校有效协同开展校本研修工作，实现区域校本研修整体发展。

表 5-4　海淀区校本培训者培训整体设计

	教师培训负责人	教研组长
培训主题	教师发展领导力提升	学科校本研修领导力提升
培训目标	1. 强化岗位意识，促使教师培训负责人把管理行为转变成为领导行为，影响和带领教师发展 2. 明确校本研修工作职责和具体要求，围绕学校教师培训整体规划，科学定位、系统设计校本研修工作 3. 提高教师培训负责人在课程改革背景下开展校本研修的能力 4. 通过实践操作，提高教师培训负责人指导教研组长开展学科校本研修的能力	1. 明确教研组长在学科校本研修中的作用，强化岗位责任，促使教研组长营造学科团队研修文化，提升学科团队建设能力 2. 通过学习校本研修的理论、策略和方法，掌握学科校本研修的科学规划、系统设计的方法 3. 借助典型案例，提供专业支持，提升教研组长学科教学示范、业务指导以及学术引领能力，注重培养和锤炼本组教师，促进教师专业成长 4. 通过实践操作，增强教研组团队的凝聚力，扩大影响力，锻炼和提升教研组长的学科研修领导能力

整体设计	采用"任务驱动、持续跟进"的研修方式，即研修前、中、后始终聚焦问题的归因和解决策略；侧重于培训后的指导与检测，突出理论与实践相结合，指导与跟进相结合，实现能力进阶，达成培训目标。在持续跟进的理念下设计三阶段课程，每个阶段都包含两个模块的内容，具体内容结合校本培训者岗位需求和能力素养框架构建 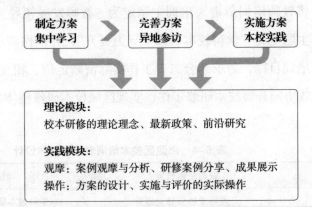

（二）校本培训者培训实施过程及特点

1. 聚焦问题，准确定位

结合两个层面校本培训者的素养能力框架进行调研，明确重点要解决的问题，确定研修主题和研修目标。两个层面的课程逻辑一致，有效衔接，有助于两类校本培训者协同开展校本研修工作，整体改善学校校本研修生态。

2. 整合资源，有效实施

整合各种课程资源，开发三阶段研修课程。遴选、组建师资团队，并充分与师资沟通，保证课程实施方向。采用工作坊的研修形式，有效实施培训。

3. 任务驱动，行为跟进

培训任务贯穿在三个阶段的学习过程中，形成"制定方案、完善方案和实施方案"的课程逻辑。课程注重实践性，聚焦问题，不断改进和解决问题。问题的解决过程伴随相应的跟进任务，环环相扣，指向实践操作，有效调动了校本培训者的内驱力和实践力。

4.专家指导，跟进评价

贯彻以终为始的培训理念，专家对校本培训者进行全程跟进，并依据校本培训者制定实施的方案进校观摩，评价实施效果，促进了校本培训者对培训内容的吸收、内化与有效的行为转化，实现了提升校本研修领导力的培训目标。

第三节 搭建资源共享平台

实现校本研修协同共进，需要区域搭建优质资源共享平台，多方主体参与，共享区域优质培训资源，展示分享校本研修优秀经验和成果，为全区各学校提供示范和引领。基于优质资源的交流与分享、互动和碰撞，能够激活新动能，促进再创造，带来校本研修整体转型升级。基于我们的实践探索，以下四种经验可以提供参考。

一、邀约展示，辐射带动

北京市海淀区前期主要以"现场会"形式推广校本研修先进学校的经验，后来发现这种做法有局限性，如范围较窄（区级单一视角）、机会较少（每个学期一至两次）、学校自主空间小（时间节点、内容安排等）等。因此，我们建立了校本研修"邀约展示"制度。校本研修先进学校选择合适的时间和阶段、恰当的内容和方式对校本研修特色和经验进行展示，主动邀请其他学校到现场观摩，起到引领示范、辐射带动作用。邀约展示的学校在活动前两周提交活动方案，经区级审核，在区级培训者的指导下开展了形式多样的校本研修邀约展示活动，如主题式研修展示、典型经验推广、成果发布会等。现场的活动内容也非常丰富，包括学校校本研修主题报告，学科组校本研修展示（主题研修情况、课堂展示、课后主题研讨），专家对学校及学科校本研修点评与指导等。结束后，主办学校将展示成果梳理总结，形成学校案例，以便进一步推广交流。

北京市海淀区八里庄小学曾开展以"合作学习与思维工具融合提高课堂实效"为主题的校本研修邀约展示活动，展示了校内自主探索研究、专家引领指导研究、融合发展三个研修阶段，体现了学校采用专家适时指导和校内学科组、学段组共研的研修方式，基于"合作学习与思维工具融合"创新思维工具设计，提升课堂实效，促进团队发展。

北京市海淀区教师进修学校附属实验学校的学科研修邀约展示活动的主题为"基于学生深度学习的学科校本研修"，展示了学校基于"深度学习"理论和实践，在学科研修内容和形式上进行的探索。活动中先是学校整体报告和典型经验分享，再分为6个学科进行学科组研修展示，用12节展示课和交流活动呈现学科研修的思考及成果。

通过两个学校的案例可以看出，邀约展示不是学校的"一时兴起"，而是学校经过一段时间的校本研修实践积淀，提前策划、不断打磨、突出特色、形成邀约展示方案，再扎实落实，是学校校本研修成果形成与推广的一部分。通过邀约展示，充分发挥了校本研修先进学校的引领示范和辐射带动作用，也调动了更多学校有效开展与实施特色校本研修的积极性，促进了校本研修的成功经验总结、模式提炼和成果转化，提升了区域校本研修品质。

二、成果评选，特色提炼

校本研修优秀成果的征集、评选过程，能够促进区域学校梳理思路、总结经验、提炼特色。区域可以根据开展校本研修的实际，评选优秀校本研修案例和校本研修故事。

评选校本研修优秀案例旨在通过征集活动，标准引领、规范校本研修的设计与实施。评选标准要求：校本研修案例是有主题、系列化的研修项目；研修主题要突出、对象要明确，能够围绕教师教育教学中的真实问题，充分体现校本研修的特色；研修目标需适当、清晰，符合学校发展需要和教师实际需求，并突出以教师发展为本；研修课程宜突出实践应用，具有系统性、连续性；整体框架需层次分明，实施程序及环节清楚，具有内在的逻辑顺序，表述流畅、反思深刻等。

校本研修故事征集的目的是促进区域教师对自身参与的校本研修梳理回顾、学习深化与成长反思。故事以叙事形式撰写，重点围绕校本研修经历给教师带来的理念更新及实践改进，尽量完整、生动地展现教师获得专业成长和业务提升的历程，反映校本研修对教师发展的作用，再次唤醒教师内在的研修动力。

此项工作看似简单，实则需要提前布局。在全面了解区域情况和专家咨询的基础上，区级制定征集评选的方案，包括评选标准、流程、方法，利用全区工作会进行培训指导，引领学校出模式、出特色、出方法。例如，北京市海淀区教师进修学校以海淀区研修成果评选为契机，梳理总结、提炼特色，并在评选后将优秀成果修改完善、集结成册（见图 5-2），进行表彰推广。本书第四章所选取的部分案例，就出自以上这些成果征集活动。

图 5-2　海淀区校本研修案例集和故事集

三、标准引领，共建课程

校本研修的课程资源，在一所学校内部人员不变的情况下一般不能重复利用。区域内学校通过共建共享校本研修课程资源，引领和促进区域校本研修课程化建设，则能够给区域内更多的教师提供多层面、可选择、高质量的研修课程。所以，区域可以充分发挥教师研修精品课程对提高教师研修质量、促进教师专业发展的重要作用，进行教师研修精品课程的征集和评选。区域可以参考北京市海淀区研制的《海淀区教师研修课程评价标准》（见表5-5），根据本地区实际进行合理调整，形成本地标准，以标准引领教师研修课程建设。北京市海淀区的评价标准遵循成人学习规律，从课程四要素（课程目标、课程内容、课程实施和课程评价）出发，建构教师研修课程评价指标，具体描述评价指标时始终关注教师学习和教师专业发展。

表 5-5　海淀区教师研修课程评价标准

维度	指标	主要内容
课程目标	适切性	1. 从社会、组织、岗位和教师个体等方面进行多维度的需求分析，以凸显课程的科学性、必要性和针对性
	可衡量	2. 用具体的语言清楚地说明可量化的或行为化的描述性指标，便于评估目标的达成度
	可达成	3. 课程目标是参加研修教师所认同和接受的，并且经过各方的共同努力能够实现的
	一致性	4. 基于需求分析的结果设置课程目标，目标间具有内在一致性，课程目标、课程内容、课程实施及课程评价之间也具有一致性
课程内容	理念前瞻	1. 具有先进的指导思想和科学的理论依据，符合课程改革的理念，体现立德树人根本任务的落实
	问题导向	2. 基于教育教学实践中的重难点问题设置课程，指向教师教育教学真实问题的解决
	实践取向	3. 实践性课程占比 50% 及以上，并辅以必要的理论性课程，对教育教学实践具有切实的指导意义
	目标导向	4. 课程内容指向目标的达成，主次得当，内容间逻辑关系清晰
课程实施	实施保障	1. 具有切实可行的研修制度和监管机制，合理使用并整合可选择的师资和课程资源，以确保研修的有效进行
	主体参与	2. 按照成人学习的特点实施课程，关注参加研修教师的个体差异，充分调动教师的参与积极性
	任务驱动	3. 以目标为导向，以任务为驱动，激发参加研修教师的内驱力，在研修过程中逐步达成课程目标
	方式适切	4. 根据教师群体与个体的特点和研修内容采用适切的实施方式

续表

维度	指标	主要内容
课程评价	标准导向	1. 设计了具体明确的评价标准，基于标准开展评估，既包括对参加研修教师的评价，也包括对培训课程本身的评价
	多元评价	2. 采用多元的、发展性的评价方式进行全方位、多主体的评价
	成效显著	3. 在参加研修教师观念转变、教学实践问题解决、反思改进及发展创新等方面取得突出成效

　　课程的建设不是一蹴而就的。区域可以采用"任务驱动、基于标准、分组指导、分步达成"的工作思路，根据课程主题和内容组建由课程专家、培训者和课程开发者组成的课程建设共同体，共研、共建教师培训精品课程，对课程建设进行分步式指导。课程开发者根据课程标准和专家意见多轮次修订完善课程。同时，区域内学校教师可以提升校本研修课程的建设能力。最终，通过共享优质、丰富、可选择的教师校本研修课程资源，促进区域内教师专业发展和校本研修质量提升。

四、联片研修，协同共进

　　目前，校本研修存在各学校发展不均衡、小学校学科教师团队人员少、骨干教师力量不足等问题。基于此，可以利用学区、集团或片区内学校间的横向联结，以及学区、集团对学校纵向管理的机制优势联片开展教师研修活动。例如，北京市海淀区基于"三级联动，深度研修"的研修模式和区域需求，聚焦研修主题，整合区域资源，研发研修课程，建立研修新机制，依托北部研修中心和学院路研修中心、17个学区、106个学科教研基地开展多层面的联片研修。各个学科整合片区内优质教育教学资源，充分发挥学科教研基地的示范、引领、辐射作用，立足课堂教学，彰显学科特色，组织开展专家讲座、课例研修、主题工作坊等形式多样的研修活动；充分发挥线上研修的丰富多样、灵活便捷、个性化等优势，积极开展线上研修活动；构建片区内学科教师成长的共同体，推进跨学校、跨学段、跨学科整体育人。这些都有力地促进了区域教师专业发展和课堂教学质量提升，有效链接了区级研修和校本研修，帮助学校特别是薄弱学校走出了一条适合自身教师发展的研修之路。

实践证明，联片研修为校际资源整合提供了可能，研修内容富有片区特色。如北京市海淀区四季青学区，通过研修课程指导学区内教师开展课程建设实践探索，共同经历课程研发的全过程，开发出一套具有鲜明本学区特色的实践类生态课程，同时，也为学区内各学校培养了课程建设的骨干力量。北京市海淀区西三旗学区开展基于专家引领的学科联盟系列研修，经过申报、遴选学区内 7 个学科的优质资源，带领学科教师开展了丰富的研修活动，既有专家指导、专题讲座等理论学习，也有骨干教师引领课等实践交流，还有帮助学校诊断学科现状、提出学科建设性意见的学科视导活动，有效提升了学区内各学校学科建设水平。另外，学区建制也使得跨学段研修和网络研修成为特色。例如，北京市海淀区永定路学区的整本书阅读主题式校本研修打破了学段界限，同时兼顾学科知识的进阶，为更多教师之间的交流、切磋与合作提供可能，共研、共学、共进成了学区学科教师共同认可的文化。此外，采用网络研修的方式，也将教师的零散时间整合起来，让教师的专业学习融入日常生活。

我们对本章关键问题的回应

1. 区域教育行政部门和教师发展机构要构建立体的校本研修支持体系，进行区域整体校本研修工作的顶层设计、系统部署和跟进指导。

2. 区域教育行政部门和教师发展机构主要通过完善区域校本研修制度机制建设，标准引领、整体提升校本培训者能力，搭建多种资源共享平台，实现区域校本研修协同共进。

你的思考

印象	1. 本章让你印象深刻的内容有哪些?
感受	2. 这些内容让你联想到了什么?
发现	3. 这些内容对你现在的工作有哪些启发?
行动	4. 今后你在工作中将如何应用?

后　记

这本书的诞生经历了充分的孕育过程。历时近十年的研究与实践探索，近两年的沉淀梳理，《中小学校本研修的设计与实施》终于能够付梓，和各位读者朋友们见面了。

校本研修以学校为本、以教师为本，以解决问题为主要目标，在教师专业发展中发挥着重要作用。北京市海淀区历来非常重视校本研修工作，尤其是"十三五"以来，在区域层面注重顶层规划和机制保障，注重标准引领和队伍建设，注重平台搭建和示范分享，从而使区、校充分发挥合力作用，共同打造优质校本研修新生态，不断促进校本研修的高质量发展。

一方面，我们把课题研究与实践工作相结合，边研究、边实践、边总结。通过研究引领实践和提炼成果，我们完成了《区域优质校本研修生态构建的研究与实践》《中小学校本培训者"教师发展领导力"提升的研究》《教育生态视域下校本培训者培训能力提升的实践研究——以海淀区为例》等系列研究报告，它们先后在北京市被评为优秀课题、优秀成果一等奖等。此外，"中小学教研组长'学科校本研修领导力提升'培训"案例也被收录进《中国教育学会教师培训者联盟2018年度实践案例集》，并且被分享给全国的教师培训同行。我们在研究和实践中不断理清思路、深化认知，固化与升华实践的经验与成果。

另一方面，我们一直致力于指导并推进区域内各学校总结梳理，固化提炼校本研修的经验与成果。通过征集、评选与共建，我们先后编印了《打造区域优质校本研修生态——海淀区"十三五"校本研修案例集》《打造区域优质校本研修生态——海淀区"十三五"校本研修故事集》《海淀区"十三五"校本培训精品课程集》等系列成果。此外，我们也借助海淀区"十三五"时期中小学校本研修先进校评选的契机，推动各校总结校本研修的主要经验、特色、创新与成效。

这一系列的区域和学校层面校本研修的研究与实践成果、经验总结，为本书的诞生奠定了坚实的基础。正是基于以上的成果，以及全国教师培训的专家和同行们的肯定和激励，我们萌生了把这些成果进行系统梳理并整理成书出版的想法，以惠及更多的区域和学校，为全国各地以及学校的校本研修工作提供参考和借鉴。

在本书推进的过程中，校长助理、师训部主任刘锌和副主任张晓整体负责统筹推进本书的规划、撰写以及统稿工作，并与校本研修项目负责人迟淑玲、王秀英、李珂一起作为各章节的负责人，分别推进各章的撰写工作。此外，来自海淀区各学校的 23 位校本培训者基于前期的校本研修案例、精品课程和学校"十三五"校本研修总结，提供了本书第四章的学校、教研组两个层面的 10 个校本研修案例。另外，师训部还有 11 位老师参与到本书第二章以及第四章案例分析的撰写工作中。在这里，还要特别感谢谭文明老师，他具有非常丰富、专业的编辑经验，在本书撰写的过程中始终陪伴我们，持续地提供专业的指导和审读建议，促使书稿不断完善。

本书各章节的撰写分工具体如下：

章节序号	章节名称	负责人 / 撰写人
第一章	**全面观照：为"校本研修"画像**	**张晓**
第一节	政策要求与现实需求	张晓
第二节	研究基础与基本理念	
第二章	**整体架构：学校规划这样想**	**李珂**
第一节	校本研修整体规划	王永祥、李珂
第二节	校本研修制度建构	李珂、郝国强
第三节	学校与教研组团队建设	王秀英
第三章	**细节定成败：设计实施这样做**	**王秀英**
第一节	需求调研与分析	王秀英
第二节	主题确定与课程设计	
第三节	研修实施与调整	
第四节	研修评价与改进	

章节序号	章节名称	负责人/撰写人
第四章	**实践出真知：海淀学校这样干**	迟淑玲
	案例一：升级迭代教师链式培训，打造校本研修金名片	案例撰写：陆云泉、熊永昌、王晓琳、于元 案例分析：田成良、李海刚
	案例二：研究引领　贯通培养——校本研修促进教师主动成长	案例撰写：袁凤芹 案例分析：迟淑玲、闫梦菲
	案例三：学术引领　精准服务　持续赋能——成就卓越教师	案例撰写：屈文霞、贾宇琪 案例分析：樊凯、李琳琳
	案例四：分层分类　项目引领——校本研修课程为教师成长蓄力	案例撰写：肖英、贾素艳 案例分析：崔莹莹、谢婧
	案例五：促进教师从关注"教"走向关注"学"的校本研修	案例撰写：杨晓蕾 案例分析：牛永生、韩民扬
	案例六：小学语文教师单元整合教学设计与实施培训	案例撰写：王在英 案例分析：樊凯、李琳琳
	案例七：初中语文教师整本书阅读教学设计与实施培训	案例撰写：邢香英 案例分析：迟淑玲、闫梦菲
	案例八：指向核心素养培育的初中化学教师单元教学设计能力提升培训课程	案例撰写：张艳君、白林灵 案例分析：李海刚、田成良
	案例九：基于生物学科核心素养的青年教师自主研修课程	案例撰写：李拓玘、朱海燕、郭雪菲、李硕、刘明 案例分析：崔莹莹、谢婧

续表

章节序号	章节名称	负责人 / 撰写人
第四章	案例十："基于学生数学思维能力培养的教学改进"校本研修	案例撰写：胡振芳、张继红、张蕊、李会平、梁静 案例分析：牛永生、韩民扬
第五章	**系统思考：区域生态这样建**	**刘锌**
第一节	完善区域校本研修制度机制	
第二节	整体提升校本培训者能力	刘锌
第三节	搭建资源共享平台	

　　《中小学校本研修的设计与实施》是我们在校本研修领域的系列研究与实践探索成果的结晶。回首过往，我们在校本研修的研究与实践过程中，体验着职业幸福和专业自信，也心怀深深的感激。特别感谢与我们并肩前行、可亲可敬的海淀区教师进修学校的领导和同事们，感谢罗滨校长、申军红副校长等各位领导对校本研修工作以及本书撰写给予的悉心指导；特别感谢参与本书案例撰写、提供案例的海淀区各学校的校本培训者们，他们富有智慧的实践探索为读者提供了可参照、可借鉴的实践案例。在此还要特别感谢教育科学出版社教师教育编辑部的池春燕主任和责任编辑万海刚老师在书稿整体架构和撰写过程中给予我们的专业指导和耐心细致的帮助！

实践不停歇，研究不止步。囿于我们的研究水平、实践能力，本书可能还有诸多有待完善之处。我们真诚地希望能够借本书出版之际，与全国各地的同人和读者朋友们沟通交流，也特别期待大家在读书的过程中，将发现的问题及意见、建议及时反馈给我们，帮助我们继续改进！

北京市海淀区教师进修学校师训部

2023 年 2 月